OHSAMA BUNKO

眠れないほど面白い
死後の世界

並木伸一郎

JN267117

三笠書房

「あの世」は本当にあるのか？
〝死後の世界〟の謎に迫る本

はじめに……

人は誰しも、必ず死を迎える。

この世に生きとし生けるものには、等しく〝限りある命〟が授けられているからだ。

たとえ、どれほど長く生きたいと願っても、その命がいつどこで、どのような形で終わるかはわからない。

どんなに悩んでもあがいても、自らの意思ではコントロール不可能な、その命の終わりには、誰もがこの世から〝あの世＝冥界《めいかい》〟へと旅立っていくのだ。

〝あの世〟とは安住の地なのだろうか？

我々の魂は、あの世でいったい、どうなってしまうのか？　そもそも魂は存在するのか。

死について考えたとき、誰しもが、そうした疑念と不安を抱くのではないだろうか。

現代科学では、〝あの世〟など存在しないと考えられている。

なぜなら、「人間のすべては肉体の死とともに、無に帰す」と考えられているからだ。

二〇一一年のこと。〝車椅子の天才物理学者〟として名高いスティーヴン・ホーキングが、イギリスの高級紙『ガーディアン』のインタビューで次のような発言をし、物議を醸《かも》した。

「人間の脳は、機械のコンピューターと同じだ。

部品が壊れれば、その機能を失う。

壊れたコンピューターに、天国も来世もない。

つまり、〝あの世〟なる世界は存在しない。

〝あの世〟なるものは、死を恐れる人たちによるファンタジーだ」

このようにホーキングをはじめ、多くの科学者の間では「〝死後の世界〟なるものは存在しない」と考えられている。

はたして、本当にそうなのか？

否！

古今東西、死後の世界にまつわる不可思議な体験談や証言は、数えきれぬほど残されている。それらの一つひとつに詳しく着目すればするほど、〝死後の世界〟の存在は、確固たるものとして、我々に訴えかけてくるのである。

たとえば、医師から死の宣告を受けながら、奇跡的に生き返った人々を「ニア・デス＝臨死体験者」と呼ぶが、不思議なことに、彼らは**〝肉体が機能していなかったはずの時間〟に神秘的な体験をした**と異口同音に語る。

それでは我々は死後、どうなるのか？

〝あの世〟とは、どのようなところなのだろうか。

本書では、この人類普遍の壮大なる問いを、あらゆる角度から検証し、答えを導き出していこう。

並木伸一郎

◎もくじ

序章　人類は「死後の世界」をどのように考えてきたか

1章 人は死んだらどこへ行くのか？

――地獄か極楽か……〝あの世への旅〟のすべて

2章

「幽体離脱」――魂が肉体を抜け出す瞬間

――この〝驚愕の体験談〟はどこまで真実なのか

3章
「臨死体験」者が語る不可思議すぎる話
――死後にも〝意識〟は存在するか？

4章

〝生まれ変わり〟は、確かにある

——「輪廻転生」としか思えない、奇跡の数々

5章 「因果」は本当にめぐるのか
――「前世」の生き方は「今世」にどこまで影響している？

コラム

6章

〝心霊現象〟は、なぜ起こる？

――「〝あの世〟に行きそびれた」魂への対処法

本文イラストレーション◎斉藤猛
本文写真提供◎共同通信社、ＰＰＳ通信社
編集協力◎宇都宮ゆう子

序章

人類は「死後の世界」をどのように考えてきたか

なぜ古代エジプト人は亡骸をミイラにした？

人類は、「死後の世界」をどのように考えてきたか——。

この壮大なテーマを、世界の歴史の上に照らし合わせたとき、まず圧倒的存在感を放つのが、古代エジプトの〝それ〟である。

王家の墓標であるピラミッド、そこに鎮座するスフィンクス、王族が死後の世界で使うための副葬品、そして死者の姿を今に残すミイラなどは、紀元前三〇〇〇年頃から今に残る〝死の形〟だ。

古代エジプト人たちもまた、〝死後の世界〟を信じていた。彼らは**「人は死ぬと、新しい世界に生まれ変わる」と考えた**のだ。

古代エジプトの人々は、人間の体は五つの要素で構成されていると信じていた。**「肉体」「名前」「影」**そして**「バー」**と**「カー」**である。

古代エジプト人は、この五つの要素が揃わなければ、新しい世界では生きられないと考えていた。

このバーとカーを説明するのはなかなか難しいが、バーとは人格を構成する「魂」、カーとはその人の生命力ともいうべき「分身」だ。

そのため、カーは人が死んだ後も、肉体がミイラとして保存されていれば、そこにとどまっていると考えられていた。

これは逆にいうと、肉体、つまり**ミイラがなければ、カー（分身）は行き場を失い、生まれ変わり、すなわち〝復活〟が不可能になる**ということになる。

「それならば、死後にミイラにしてもらえるような王族貴族しか復活できないのではないか」と思われるかもしれない。

実際、その通りで、古王国時代（紀元前二六五〇～紀元前二二〇〇年頃）には、**〝生まれ変わり〟は限られた人にしか許されなかった特権だった**ようだ。

しかし時代が進み、中王国時代（紀元前二〇五〇～紀元前一七八〇年頃）になると、一般の人たちもミイラにしてもらえるようになってきた。

もっとも、現在にもそのままの姿で残るような上等な姿のミイラ化は、庶民には手が届かなかった。王族のミイラともなると、腐敗させないために、特殊な薬品や方法、呪文が用いられていた。そのため、作るには莫大な資金が必要だった。庶民のミイラは簡単な防腐処理が施されたにすぎなかったようだが、それでも〝ミイラ産業〟は活況だったという。

『死者の書』には、いったい何が書かれているのか

さて、人が死ぬと、肉体からバー（魂）が抜け出し、人間の頭を持った鳥の姿になって死後の旅へと出発する。

この旅路の手引書が、有名な**『死者の書』**だ。

この『死者の書』に書かれている内容を簡単にいうと、王族の葬儀の際に、死者の魂が無事に〝新しい世界〟にたどり着けるよう、かつて神官が唱えていた呪文だ。

それを時代の流れとともに、一般の人々が死後、それぞれの用途に応じて使うことができるよう、葬儀の概要や挿絵とともにパピルス（カミガヤツリの茎の繊維で作った紙）におとし込んだのだ。

ちなみにこの『死者の書』は、全百九十章あるという。

これまでに二万五千点以上発見されているというが、見つかっているのはその一部が欠けたものばかりで、完全な中身はわかっていない。

それでも、その〝死後の旅〟の様子を知るには十分だ。

この旅路では、死者のバー（魂）を食べようとする、蛇やワニなどの猛獣や悪霊、横たわる大河など数々の困難が死者に襲いかかってくる。その際にとるべき行動や唱えるべき呪文などが『死者の書』には詳しく述べられている。

つまり、このパピルスさえあれば、新しい世界の入り口まで容易にたどり着くことができるのだ。

さて、この旅のハイライトは、なんといっても冥界の番人、アヌビス神に導かれ、**自分の心臓を天秤《てんびん》にかけられ審判を受ける最後の試練**だろう。

心臓と一緒に秤にかけられるのは、真実と正義の女神であるマアト神の象徴でもある「羽根」だ。誠実で曇りのない生を全うした魂であれば、この天秤が見事につり合う。しかし、心臓がこの羽根よりも重く、ガクンと下がってしまった場合は、秤の傍《かたわ》らで待機している怪獣・アムミットに食べられてしまう。

ここで怪獣に心臓を食い尽くされると、二度と復活することはできない。そればかりか、ツアトと呼ばれる地獄に落とされ、暗闇の中で未来永劫苦しまなければならない。そのため、信心深い人々は必死で善行を積んだ。

さて、心臓と羽根がつり合った後も安心はできない。続いて広間に通され、四十二神の神々の名称を答え、三十八にもおよぶ自らの潔白を申し立てなくてはならない。そのようにして、ようやく楽園での「復活」が許される。**明るく美しい場所で、何不自由なく、好きな人と現世の「生」の続きを楽しめる**のだという。

ただし、この楽園での生活も、地上にあるカーと、カーのよりしろであるミイラが

「死者の心臓」と「羽根」のどちらが重いか秤にかけるアヌビス神

あってこそ成り立つ。そのため、**遺族は力ーが餓死しないよう、常に墓に食べ物や飲み物を供え続ける**必要があった。この供物を捧げる方法は、各時代で苦心したようである。

もっとも、古代エジプトのこれらの信仰は、時代が下るにつれキリスト教の弾圧に遭い、三世紀頃には消滅してしまったようだ。現在のエジプト人の多くはイスラム教徒かキリスト教徒で、『死者の書』にある世界観は遺跡からでしか、うかがい知れないのである。

「最後の審判」——天国の門はどれだけ狭いのか?

世界で最も信仰者の多い宗教・キリスト教では、死後の世界はどのように考えられてきたのだろうか。

キリスト教でいう〝死後の世界〟というと、**「天国」**と**「地獄」**、**「最後の審判」**といったキーワードを思い浮かべる人が多いのではないだろうか。

〝キリスト教〟というだけあって、これらの概念が明確になったのは『新約聖書』、つまりイエス・キリストが登場して以降だ。

キリスト教における「死後の世界の構造」をざっくり紹介しよう。

死んだ人間の魂は、天使によって連れられ、神の裁きを受けた後、生前の行為によってまず上位から**「天国」「煉獄《れんごく》」「辺獄《へんごく》（リンボ）」「地獄」**の四つの世界に振り分けられる。

天国以外は〝獄〟という字がつくため、さぞ恐ろしい世界かと思われるかもしれないが、たとえば「煉獄」は、天国と地獄の中間の位置、つまり地獄にいくほどでもないが、生前に何らかの〝罪〟を犯した人間の魂が行く場所だ。

この煉獄では恐ろしい炎が燃えさかっており、ここに来た〝魂〟は、この炎で身を焼き、天国におもむくべくひたすら魂の浄化にはげむのだという。

つまり、罪を犯した魂に〝猶予期間〟が与えられる場所なのだ。この煉獄で一定の成果をあげた魂は、後に説明する「最後の審判」の際、より上のランクの世界に救い出される。

ちなみにこの概念を作ったのは、古代キリスト教世界において最も影響力を持ったといわれる、四～五世紀に活躍した神学者、アウレリウス・アウグスティヌスだ。『聖書』には記述がないこともあり、この煉獄の観念はカトリック独自のものだという。そのため、聖書中心主義であるプロテスタントからは認められていない。もちろん、ユダヤ教やイスラム教にも存在しない。

そして、「天国」は、あるにはあるが、実はまだ未完成だ。

神の国、つまり**「天国」が完成するのは、「最後の審判」の後**だ。この世の終わりがきた後にようやく、〝神が霊的支配をする国〟〝恩寵の国〟が成立するのだという。

すでに亡くなったキリスト教徒たちがおもむいた「天国」や「地獄」「煉獄」「リンボ」などは、あくまでも仮の場にすぎない。「最後の審判」があってこそ、真の「天国」と「地獄」が出現するからだ。

唯一神による〝人類救済プログラム〟とは

この「最後の審判」とは、簡単にいうとキリスト教の契約の「神」、唯一神による救済のプログラムの最終段階だ。

そもそも、アダムとイブが楽園を追われて以後、人間はすべて罪人とされた。

そんな人間たちの罪を償《つぐな》うべく、十字架にかけられたのがイエスだ。イエスはゴルゴタの丘に磔《はりつけ》にされた後、三日目に復活し、今なおこの世を救済し続けている。

「最後の審判」を描いた絵。
画面上の中央にいるのが降臨したイエス

このことは、『コリントの信徒への手紙一』のパウロの言葉からも読み取れる。曰く、

「アダムによってすべての人が死ぬことになったように、キリストによってすべての人が生かされることになるのです。（中略）そのとき、キリストはすべての支配、すべての権威や勢力を滅ぼし、父である神に国を引き渡されます。キリストはすべての敵を御自分の足の下に置くまで、国を支配されることになっているからです。最後の敵として、死が滅ぼされます。」（十五章二十二～二十六節）

これはつまり、**「最後の審判」の到来により、そのときに生きていた人たちも一度**

死ぬことを意味している。

そして、これまでの死者とともに、全員が肉体を持った形で復活し、みな一様に〝審判〟にかけられ、「天国」もしくは「地獄」に永住するというのだ。

『ヨハネの黙示録』――〝世界の終わり〟はこうして訪れる

この「最後の審判」だが、その内容は実にグロテスクだ。審判に至るまでの事の次第を詳細に述べているのが『新約聖書』の最後に収められた『ヨハネの黙示録』である。

著者はパトモスという島に暮らしていた預言者ヨハネ。成立は紀元九〇～九五年頃だという。内容はこうだ。

あるとき、ヨハネはこんな幻を見た。七つの角と七つの目を持つ子羊が現われ、将来に起こるとされるさまざまな出来事を彼に見せた。

子羊はまず、ヨハネに巻物を渡し、つぎつぎにその封印を解く。巻物をほどくたびに飢饉《ききん》や死、殉教者の血の復讐、天変地異などが解き放たれていく。

そして第七の封印が解き放たれると、ついに、**七人の天使が順にラッパを吹き鳴らし、最後の審判のときがきたことを宣告する**。それは人類に降りかかる災厄の始まりの合図でもある。

第一のラッパでは、血の混じった雹《ひょう》と火が地上に降り注ぎ、地上と木々の三分の一が焼ける。

第二のラッパでは、燃える山が海に投げ込まれ、海の三分の一が血に変わり、海の生物の三分の一が死ぬ。

第三のラッパでは、燃える星が落ちて、川の三分の一が苦くなり、多くの人が死ぬ。

第四のラッパでは、太陽、月、星の三分の一が失われ、地上は闇になる。

第五のラッパでは、底なしの暗い淵から現われたイナゴが、五カ月の間、額に神の刻印がない人を襲う。

第六のラッパでは、人間の三分の一を殺す四人の天使が解放される。そして、さらに多くの人が死ぬ。

第七のラッパが鳴り響くと、天の神殿が開かれ、契約の箱が見える。と同時に、稲妻、騒音、雷、地震が起こり、大粒の雹が降ってくる。

そんなとき登場するのが、有名な**「六六六」の数字を持つ獣**だ。海からあがってくるというこの獣には角が十本、頭が七つあり、それらの角には十の冠があって、頭には神を汚す名がついている。そして、おぞましく世界を汚してまわる。

この禍々《まがまが》しい獣の活動を受け、神の憤りは頂点に達する。七人の天使は、神から授かった、怒りに満ちた七つの鉢を、地上にぶちまける。そして、地上のありとあらゆるものを殺戮《さつりく》し、悪とともに地上の生きとし生けるものを消しつくすのだ。

「神の王国」に入れる人、入れない人

そうして初めて、新しい天と地が生まれ、〝千年王国〟の時代がやってくる。**地上には再びイエス・キリストが降臨し、殉教者らがよみがえる**。そして千年もの間、愛と秩序に満ちたユートピアが広がる。

しかし、それも千年が過ぎると、サタンが一時的に解放されて、神と戦うことになるが、やがて滅ぼされる。この時点で、ようやく「終末」を迎える。

そして、**すべての死者が復活し、天国に行く者と地獄に行く者を振り分ける「最後の審判」が始まる**のだ。

天国の住人として選ばれた人には、新天新地が現われる。人々はこの新しいエルサレムで、永遠の命を持ち、永遠に続く神の王国で暮らすことになる。

最後はハッピーエンドになるとはいえ、〝神の王国〟に至るまでの神のあまりにも残忍なふるまいに、恐怖を覚えるのは筆者だけではないだろう。

ただ、この『ヨハネの黙示録』が書かれた時代は、教会の内部腐敗が問題視されていた。また、キリスト教徒たちに対する迫害も過酷で、信者らはイエスの〝神〟を信仰することによって得られる、強烈な〝救い〟を求めていたのかもしれない。

なぜヒンドゥー教徒は「業（カルマ）」思想を信じるのか

宗教の教義の中で重要視される項目のひとつに、〝**死生観**〟があると筆者は常々感じているが、この〝死生観〟に、特異なものを持つ宗教に「ヒンドゥー教」がある。ヒンドゥー教はご存知の通り、十二億人を超える人口を擁するインド国民の約七割が信奉する宗教だ。

このヒンドゥー教のベースになっているのは、古代のこの地で成立したバラモン教だ。

バラモン教とは、紀元前一二〇〇～紀元前一〇〇〇年頃に編纂されたとされるインド最古の聖典『リグ・ヴェーダ』をベースにした宗教だ。この書は全十巻からなる神々の物語で、この本には三つの付随する書がある。

中でも重要視されているのが、祭式の本質と意味を説明した『**ウパニシャッド（奥義書）**』だ。

この書には、**唯一神「ブラフマン」**について書かれている。このブラフマンこそ、バラモン教の中の究極の神であり、あまた存在する神々は、いずれもブラフマンの化身にすぎないのだという。

このブラフマンは世界のすべて、宇宙ともいえる。となると、この世に生きるありとあらゆる命は、ブラフマンと同一のものということになる。

とはいえ、個々の生物には目的があり、感情がある。そんな、個々それぞれに宿る自我を**「我（アートマン）」**という。このアートマンは永遠の存在で、**あらゆる生物はその生を終えても、繰り返し同じアートマンを持った存在として生まれ変わる**のだという。

この考え方は、仏教の「輪廻《りんね》転生《てんせい》」よりも原始的だ。ひたすら純粋に、前世の行ないが現世に、現世の行ないが来世へと影響する。これを**「業（カルマ）」**という。

「不殺生・菜食主義」を貫く理由

バラモン教は、生き物を「胎生《たいしょう》」「卵生《らんしょう》」「湿生《しっしょう》」「芽生《がしょう》」の四つに分類しながらも、それぞれに上下関係はないとしている。

ちなみに、「胎生」は母胎から生まれるほ乳類を指し、「卵生」は卵から生まれる魚類、両生類、爬虫類、鳥類、「湿生」は当時、湿気の中から生まれると考えられていた昆虫類で、「芽生」は植物を指す。

つまり、**来世、自分が害虫になるかもしれないし、今、目の前にいる虫や魚が、前世では自分の肉親や友人だったかもしれない**。逆に、自分が生き物をいじめていたら、来世で仕返しをされるハメになるかもしれない。

ヒンドゥー教徒の中には極端に殺生を嫌い、菜食主義を貫く人々も多いが、これはこのバラモン教の転生の思想を受け継いでいるためだ。

一方で、バラモン教独特の「転生観」は、他宗教の人間には理解しがたいカースト制や男女の性差別をも生んでいる。

ガンジス川は、ヒンドゥー教徒の生と死の
一切を受け止めるかのように流れる

インド社会には今でも、身分制度の影響が色濃く残っている。それは前世の自分（アートマン）の生き様が原因だとし、いかなる厳しい境遇も、前世の報いであると皆が受け入れているためだ。

ヒンドゥー教には厳しい戒律も、地獄もない。〝行ないが悪ければ来世でつらい思いをする〟、それが何よりも重い罰にあたることを知っているからだ。

かといって、ヒンドゥー教に葬儀がないのかといえば、そうでもない。この世に一切の未練を残さず、新たな生を迎えてもらうため、荘厳な葬儀がなされた後、聖なる火で遺体を焼き、ガンジス川に骨を流す。

また、輪廻の輪から解き放たれる**「解脱《げだつ》」**の思想もある。解脱への道は、「行為の道」「知識の道」「親愛の道」の三つの道を極めることで開かれるとされており、そのための功徳を積む人も多いようだ。

インドでよく見られる**ガンジス川に身を浸すという行為も、解脱につながる**とされている。ちなみに、天界に最も近い場所とされる、聖地ベナレスのガンジス河畔が聖なる場所とされているのだそうだ。

この付近にはすべてを悟ったような目をした老人の姿が多く見られるが、この〝解脱への道〟は、身分や立場を問わず、心がけだけでめざすことができるので、ある意味では〝平等〟といえるかもしれない。

とはいえ、解脱への道はなかなか遠いようだ。

南インドのタミル語には**「七回生まれ変わっても、けっしてご恩は忘れません」**という言葉があるのだという。この言葉にこそ、ヒンドゥー教の死生観のすべてが込められているような気がしてならない。

『古事記』に記された〝黄泉の国〟とは

神道では、「人は死ぬと、その魂は山へ向かう」と考えられた。これを「山中他界《さんちゆうたかい》」という。つまり、**日本の陸地のどこかに〝あの世〟があると信じられてきた**のである。

死者の魂は「葦原中つ国《あしはらのなかくに》」（日本の国名の古い呼び名）の低い位置にとどまり、それが日が経つにつれて浄化され、山の上へとのぼっていくとされた。

この浄化のためには本人の意思だけではなく、子孫の祈りも必須で、地上での〝穢《けが》れ〟を落とすには約五十日かかるという。

すっかり穢れがなくなり、「山中他界」に落ち着いた魂は、「死霊《しりよう》」から「祖霊《それい》」へと変化し、最終的には一族の守り神として鎮守《ちんじゆ》の森に祀《まつ》られる「祖先神」、つまり

「氏神《うじがみ》」となる。

ところで、魂が「葦原中つ国」の「山中他界」へ向かうようになったのは、ある〝事件〟が原因なのだという。

神道によると、もともと我が国は、地の下にある「地中他界」と呼ばれる「黄泉《よみ》の国」と細い道でつながっており、死者はそこに向かうとされていた。

にもかかわらず、魂が「葦原中つ国」にとどまるようになった理由、それは、『古事記』でも有名な**イザナキ**と**イザナミ**の神話の中にある。そのあらましを簡単に説明しよう。

〝変わり果てた姿〟のイザナミを見たイザナキは……

天地が初めて二つに分かれたとき、世界はまだ混沌としていた。そこで、天上の高《たか》天原《まのはら》から地上へ遣わされたのが、イザナキとイザナミの二柱《ふたはしら》の兄妹神だ。

二神は、本州、九州、四国など日本の島々をはじめ、三十五の神々を生んだ。しかし、火の神を生んだときのことだ。出産した女神のイザナミは、陰部に大やけどを負

い、死んでしまう。

イザナミは、黄泉の国で生きることになった。このことを悲しんだイザナキは、黄泉の国へイザナミを追いかけた。

「私の姿をけっして見ないでください」

そう聞かされていたにもかかわらず、イザナキはイザナミに目をやった。

そこにいたのは、ドロドロに溶けた体にウジがむらがった、変わり果てたイザナミだった。

醜い姿を見られて怒ったイザナミは、「見られたからには、殺してやる」とイザナキを追いかけた。なんとかイザナミを振り払い、イザナキは現世へと戻った。そして「黄泉の国」への入り口、「黄泉比良坂《よもつひらさか》」の入り口を大きな岩で塞《ふさ》いでしまったのだ。

以降、死んだ人間の魂は、「葦原中つ国」の「山中他界」へ向かうようになったのだという。

また神道の世界には、**海の彼方にあるとされる、「常世《とこよ》の国」と呼ばれる理想郷**がある。海上にあるとも海底にあるともいわれ、浦島太郎が訪れた竜宮城は、この「常世の国」だったのではないかという説もある。

〝海の果ての理想郷〟といえば、沖縄の「ニライカナイ」も有名だ。こちらは〝永遠の浄土〟として、沖縄の人々に古来より崇められてきた。

以上、世界の主な宗教と神道での「死後の世界」について概説してきた。

1章からは、日本人にとって最もなじみの深い、そして死生観に大きな影響を与えてきた「仏教」が死後の世界をどうとらえてきたかを見ていくことにしよう。

1章

人は死んだらどこへ行くのか？

——地獄か極楽か……〝あの世への旅〟のすべて

死後四十九日間に待ち受ける〝試練〟とは

多くの日本人にとって最もなじみの深い宗教・仏教では、人は死んだらどのような道をたどると考えられているのだろうか。

具体的に、そのプロセスをこれから述べていこう。


まず、人が死ぬと肉体から魂が抜け出る。浮遊する魂だけの存在となるのだ。

そしてしばらくは、抜け殻になった自分の体や、泣き崩れる縁者たちの姿を眺めることができるというが、じきに世界は闇に包まれる。

この真っ暗闇の世界を仏教用語では「冥土《めいど》」という。

「冥」には暗いという意味があるが、肉体から離れた魂は、この暗闇の中にそのまま

とどまり続けることはできない。
次なる道を見つけるための〝旅〟に出なくてはならないのだ。

線香の煙は〝冥土の旅〟の道しるべ

ちなみに、霊安室などで遺体と一晩を過ごす際や、通夜の際には「お線香を絶やしてはいけない」といわれるが、これはこの**線香の煙が、これから死者が向かう旅路への〝道しるべ〟になる**からだ。

そして、このときのお線香は一本だけであることが望ましい。二本あると、どちらの煙のほうへ進めばいいのか、死者の魂が混乱してしまうためだ。

〝冥土の旅〟という言葉通り、死者は〝死後の世界〟へ向かう旅に出ることとなる。

死者を棺《ひつぎ》に入れる際、日本では旅装束をさせるケースが多いのはそのためだ。白い手甲《てっこう》と脚絆《きゃはん》をつけ、足袋《たび》をはかせて経帷子《きょうかたびら》を着せ、六文銭を入れた頭陀袋《ずだぶくろ》を肩からかけて、わらじをはかせる。さらに手に数珠《じゅず》と杖を持たせる。

これは、死者の旅がすぐにでもスタートするからだ。

そしてこの旅路は、たとえば事故などによって、まったく同じ場所で、同じタイミングで亡くなった人がいたとしても、〝一人〟で歩むことが原則だ。たった一人、これまでの自分の人生を振り返りながら、ひたすら歩き続けることになるという。

「天道」か「地獄道」か――転生先はこうして決まる！

この〝冥土の旅〟で最初の難関になるのが「死出《しで》の山《やま》」だ。

全長八百里（三一四一・八四㎞）という長い山だが、その道のりの険しさは生前の行ないによって変化する。善行を積んできた者にはなだらかな山に、悪行を重ねてき

【六道】——人はこの“六つの世界”のどこかに生まれ変わる!

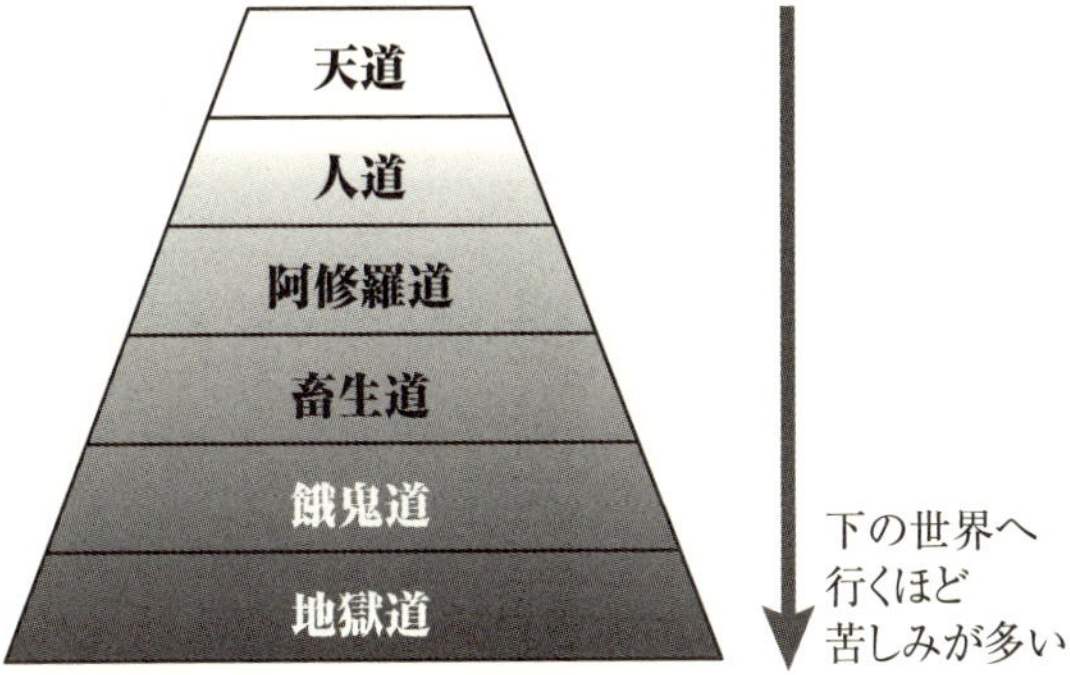

た者には、厳しく険しい山となるのだ。

亡くなって七日目、つまり初七日《しょなのか》までに、この山を越えなくてはならないのだが、その距離一日平均約四五〇km。

この時点で大変な責め苦だが、その道のりを経てたどり着いた先こそが、本当の試練の始まりである。

仏教では、この世に生きるすべてのものの霊魂は不滅であり、車輪が回転して止まることがないように、死後また生まれ変わると考えられている。

いわゆる**「輪廻転生」**だ。

魂は、生と死を何度も繰り返して、**「六《ろく》道《どう》」**の世界——「天道《てんどう》」「人道《にんどう》」「阿《あ》修《しゅ》羅《ら》道《どう》」「畜生道《ちくしょうどう》」「餓鬼道《がきどう》」「地獄道《じごくどう》」の六つの転生先をさまよい続けるのだという。この「六道」は、「天道」を最上界として、その下の世界になればなるほど、苦しみの多い世界となる。

そこで冥土では、十人の王たちによって、死者を「六道界」のいずれの世界に転生させるかを決めるために、生前の行ないについて、さまざまな形で問われるというわけだ。

死者の魂はまず、最初の裁判官、**秦広王**《しんこうおう》の法廷に立たされる。この秦広王の審判を皮切りに、**四十九日の七七日**《なななぬか》**まで七日おきに七回の裁判を受ける**ことになる。

その裁判の際に効力を発揮するのが、遺族らによる**「追善供養**《ついぜんくよう》**」**だ。

人が亡くなると、初七日、二七日《ふたなぬか》（十四日目）、三七日《みなぬか》（二十一日目）、四七日《よなぬか》（二十八日目）、五七日《いつなぬか》（三十五日目）、六七日《むなぬか》（四十二日目）、七七日（四十九日目）と七日ごとの区切りで法事を営むことが望ましいとされる。

遺族がこの追善供養をすることで、審判を待つ故人の罪は軽くなり、六道のうちのよりよい転生先へ導くことができるのだ。このようにして死者と生者は、〝あの世〟と〝この世〟に隔てられても、なおつながっている、と仏教は示しているのだ。

死後七日目――「三途《さんず》の川」を渡る

さて、秦広王は、生前の罪の大きさについて審査する。人間界でいう死刑に相当するような大罪を犯していた場合は、この時点で即地獄行きだが、ほとんどの魂は、その先の道程をはばむ**「三途の川」**の渡り方を宣告される。

罪の軽い人間が川を渡る場合は浅瀬だが、罪の重い人間が渡ろうとすると濁流と化し、恐ろしい竜が行く手を阻むのだ。

ここで効力を発揮するのが、棺に入れられた**六文銭**だ。そう、三途の川には渡し船が存在し、六文の渡し賃を渡せば、船に乗って川が渡れるのである。
「地獄の沙汰も金次第」という言葉は、この六文銭の渡し賃から生まれたともいわれている。といっても、六文銭は戦国時代後期から始まった風習で、おまけに近年は、火葬炉が傷《いた》まないように、六文銭を印刷した紙を入れるのだそうだ。

対岸に渡ると、出迎えているのが**懸衣翁**《けんえおう》と**奪衣婆**《だつえば》という男女の鬼だ。奪衣婆によって死者の衣がはがされ、その衣を懸衣翁が大木の枝にかける。このとき、悪行を重ねてきた者の衣ほど重く、枝はしなるのだという。ここでも、善人か悪人かが判別されるというわけだ。

ちなみにこれは、仏典には記されていない民間信仰であるが、この三途の川の河原**「賽《さい》の河原」**では、親より先に亡くなった幼い子どもたちが、親孝行のために小石を積んで塔を作ろうとしているという。

そこに鬼がやってきて、鉄棒で塔を崩して邪魔をする。しかし、やがて**地蔵菩薩**《じぞうぼさつ》が現われ、「今日からは私を冥土の親と思いなさい」と語りかけ抱きあげて、子どもた

ちを救ってくださるのだという。

死後十四〜二十八日目——「一寸の虫でも殺《あや》めなかったか」？

ここで丸裸にされた死者は、十四日目、二十一日目、二十八日目に、**初江王**《しょこうおう》、**宋帝**《そうてい》**王**《おう》、**五官王**《ごかんおう》の三人の王の前に次々と出され、審問を受ける。

問われるのは、**殺生と窃盗の有無、邪淫＝愛欲に溺れなかったか、嘘をつかなかったか**、といったことだ。

これらの王たちによる審問は、非常に厳しい。

たとえば殺生についての審問では、殺めたのが一寸の虫であっても、殺生は殺生と

してカウントされ、次の裁判へと送られる。

邪淫についての審問では、自慰行為も裁きの対象だ。ちなみに最も重い罪だとされるのは、不倫だ。ここでいいかげんな対応をすると、男性なら猫に局部を食いちぎられ、女性だと陰部に蛇が入っていくのだというから、恐ろしいことときわまりない。

死後三十五日目
——ついに閻魔大王のもとに

そして死後三十五日目、ついに十王の中の最高裁判官・**閻魔《えんま》大王《だいおう》**のもとへ送り込まれる。

ここでは死者は、生前に行なった悪行を映し出す**「浄玻璃《じょうはり》の鏡」**の前に立たされ、六道の行き先が決定される。冥土の王たちによる裁判のハイライトといえる。

引き続き死者は、翌七日の四十二日目に**変成王**《へんじょうおう》の裁きを受けるが、変成王が担当するのは、閻魔大王から送られた書類の熟考だ。さきほど、遺族の追善供養の必要性を記したが、遺族の懸命な気持ちによっては罪は減免される。

死後四十九日目――〝転生先〟が決定される

そして、四十九日目、**泰山王**《たいざんおう》の裁きへと移る。ここで正式に、「六道」のいずれの世界に生まれ変わるかが宣告される。この裁きが行なわれるのが四十九日目だということに注目してほしい。つまり、四十九日に遺族が死者に最大の供養を捧げるのはそのためでもある。

ほとんどの死者はこの四十九日までに自分の行き先が決定されるが、決まらない一部の死者は、没してから百日目（百日忌）の平等王《びょうどうおう》、一年目（一周忌）の都市王《としおう》、三年目（三回忌）の五道転輪王《ごどうてんりんおう》の裁きが追加される。中には行くあてもなく、冥界での判決を待ちながら、この不安定な空間をさまよっている死者もいるというわけだ。

来世の行き先——「六道」の世界とは

死者は、死後四十九日で「天道」「人道」「阿修羅道」「畜生道」「餓鬼道」「地獄道」の〝六道〟のいずれかに行き先が決定されると書いた。

四十九日間にもおよぶ冥土の旅と恐ろしい王たちを前にした裁判の繰り返しの中で、**多くは再び「人道」へと進む**ことになるようだ。

それでは、この「六道」の世界とは、それぞれどのようなところなのだろうか。また、生前どのような行ないをした者が、そこに向かうのだろうか。

一つひとつ詳しく見ていこう。

「天道」――神通力が使え、空を飛べる〝楽園〟

六道における最上界が、**「天道」**だ。

ここには生前、善行を積んだ者だけが転生できる、楽園のような世界なのだという。そのため、この天上界はあらゆる意味で人間界よりもすぐれている。

世界は美と平和に満ちていて、怒りも哀しみも、苦しみも存在しない。

最も短命の者でも、寿命は九百万年という、神通力が使え、空を飛べる。ほぼ〝神〟といっていいかもしれない。

それでもやはり、六道のひとつだ。寿命がくると、さすがに転生が待っている。あまりにもこの世界の住み心地がいいために、転生のサインを感じると、多くの天人たちはうろたえ、欲に苦しめられるのだそうだ。

ちなみに転生のサインとは、五種の衰えの相「天人五衰《てんにんのごすい》」だ。

1 頭の上の花の髪飾りが、急にしぼむ。
2 天の羽衣が、チリや垢で汚くなる。
3 腋《わき》の下から汗が出る。
4 両方の目がくらむようになる。
5 天界の住まい、暮らしを楽しく思わないようになる。

この「天人五衰」による苦悩は大変なもので、「地獄の多くの苦しみは（この）十六分の一にもおよばない」という。

六道の最上界の楽園に生きた天人も、輪廻転生の定めからは逃れられないのである。

「人道」――人間として「不浄」「苦」「無常」を味わう

そして「人道」。我々が今暮らす人間界だ。

多くの死者は、再びこの世界に生まれ変わることになる。

しかし、〝あの世〟の世界では、この人道もまた苦しみに満ちた、不安定な世界として捉えられている。

「不浄」「苦」「無常」の三つがあるからだ。

「不浄」とは、人間の身体の中にある、骨や節々、血や肉、内臓などを指している。私たちの肉体は、どんなものも、体を通すことで醜い排泄物に変えてしまう。また、肉体そのものもいつかは醜く朽ち、腐り果ててしまう。

人間界の者たちの、生まれたときから死ぬまで、〝不浄〟な容器に魂を入れて生活をしなければならない点が、〝あの世〟からは哀れまれているというわけだ。

また、人道に生きるものにとって、「生老病死《しょうろうびょうし》」は切り離せない。愛する者との別れ、人と比べることで生まれる嫉妬や憎しみ、求めるものが得られない悩みなど、「苦」の感情をあげるときりがない。

そして、形あるものはいつか必ず滅びてしまう。「無常」はこの世につきものだ。

「阿修羅道」――日に三度、戦いに狩り出される

「人道」のすぐ下に位置するのが、**「阿修羅道」**だ。この世界に落とされるのは、心の狭さから人を傷つけたり、怒りを抑えられずにいた者たちだ。

地獄に似た凄惨な場所かと思いきや、「阿修羅」という神の名が冠されているから か、生活そのものは天界と似た優雅なものなのだという。ただ、毎日三度の〝戦い〟に狩り出されることになる。そのため、心が休まる日は、まずないと思っていい。

「畜生道」――「獣」として生きることを強いられる

阿修羅道の下のランクになるのが**「畜生道」**。人をねたんで愚痴ばかり言い、他人から施しを受けるだけの怠惰な人生を送った者が落とされる。

この道に進んだ者は、**「人間」ではない「畜生」――すなわち狐、狸《たぬき》、猫、犬、蛇、蛙、鳥などに生まれ変わる**ことになる。

ちなみに、生前に性欲に溺れた者は蛇や狐に、金銭欲の塊のようだった者は黒蛇に、怠け者は狸に転生させられるといわれている。都合よく「お金持ちの飼い猫」にはなれないということだ。

これらの畜生が望むのは、ただ食事を確保し、繁殖をすることくらいだろう。しかし、それに対する不満の感情すら持ち合わせないのが、「畜生」であることなのだ。

「餓鬼道」――やせ細った「餓鬼」に身を落とす

そして、最下層の「地獄道」のひとつ上のランクに位置しているのが、**「餓鬼道」**だ。強欲で物を惜しみ、自己中心に生きた者が落とされる。

この「餓鬼道」に落ちた亡者のことを「餓鬼」という。

そんな餓鬼、ぽっこりと膨らんだお腹以外は手も足もガリガリにやせ細った姿がイメージされがちだが、平安中期の天台宗の僧侶、源信《げんしん》が記した『往生要集《おうじようようしゆう》』を見ると、その容姿はさまざまなようだ。

たとえば、私利私欲のために動物を殺した者がなる「鑊身《かくしん》」という名の餓鬼は、人間の二倍も身長があり、体の中には熱い火のみが満ちていて、その身を焼く。

自分だけがご馳走を食べて、家族に分け与えなかったという者は「食吐《じきと》」という名の餓鬼になる。常にお腹を空かせているのだが、食べても必ず吐いてしまう。

その他にも、昼夜にそれぞれ五人の子を生むが、飢えからその子どもを自ら食べてしまう餓鬼や、人の排泄物のみを糧にする餓鬼など、そのバリエーションは実に三十六種類にものぼるという。

「地獄道」――織田信長は〝無間地獄〟に落ちた!?

そして、六道の中でも最下層にあるのが**「地獄道」**だ。

〝地獄〟とひとくちに言うが、その内容は実にバラエティに富んでいる。それもそのはず、死者の罪のタイプに応じて、さまざまな地獄が用意されているからだ。

『往生要集』には、その地獄の様子が詳しく記されている。それによると、地獄は大きく「八寒地獄《はっかんじごく》」と「八熱地獄《はちねつじごく》」の二つに分けられている。

とりわけ詳しく記載されているのは八熱地獄で、その名の通り八つの地獄が階層に

なって地のさらに底に向かって存在する。上から順に「等活《とうかつ》」「黒縄《こくじょう》」「衆合《しゅごう》」「叫喚《きょうかん》」「大叫喚《だいきょうかん》」「焦熱《しょうねつ》」「大焦熱《だいしょうねつ》」「無間《むけん》」となっていて、下へ行くほど重罪人が長い時間をかけて重い罰を受けるのである。

そのうち、上から三層目にあたる「衆合地獄」は、殺人、窃盗に加え、邪淫（配偶者以外の人との性的行為や強姦など）にふけった者が落とされる。

衆合地獄には、鋭利な刃物でできた樹を永遠にのぼり降りするという罰がある。というのも、罪人の手の届かない樹のてっぺんに、絶世の美女が現われるのだ。美女は煽情的に罪人を誘う。その媚態につられ、罪人は血まみれになりながらもなんとか樹をのぼるが、いつの間にか、美女は樹の下にいる。そして、身をくねらせながら「はやく来て～」と、罪人に声をかける。

罪人は甘い声に惹《ひ》かれ、傷だらけになりながら再び、樹を降りるのだ。

そして地獄の最終地となるのが、最下層の「無間（阿鼻）地獄」だ。

ここには、父母殺し、僧などの聖者殺し、寺や経典を焼き払うといった、仏に対する冒瀆を行なった者が落とされるという。

ちなみに、一五七〇（元亀元）年に比叡山延暦寺を焼き討ちし、石山本願寺とも激しい戦闘を繰り広げた**織田信長は、この〝無間地獄に落ちた〟**と、当時のさまざまな階層の人々から噂されたようだ。

もっとも、明智光秀ら家臣に「地獄に落ちます」と忠告をされながらも、信長は「地獄などあるものか」と強行したというから、自業自得なのかもしれない。

極楽浄土――
〝三蔵法師と孫悟空〟もめざした理想郷

ここまで書いてきたように、我々は、天人・人間・阿修羅・動物・餓鬼・あるいは地獄の住人のいずれかに、幾度となく生まれ変わりを繰り返しながら、魂の旅をしていると仏教は説く。

ところが、どれほど善行を積み、たとえ最上界の天道に転生することができたとしても、「六道」の世界の住人であるかぎり、寿命が尽きれば再び転生が待っており、地獄に落とされることもありうるわけだ。

こうした迷いの多い「六道輪廻」のループから脱出した世界――それこそが**「極楽浄土」**であり、この極楽浄土に到達することを、**「解脱」**という。

極楽は輪廻の外にあるため、ひとたびここへ迎え入れられれば二度と転生をすることもなく、永遠に仏の元で安楽に暮らすことができるのだ。

そもそも仏教の教えとは、この「解脱に至るための方法」を説いたものなのである。

それでは、極楽浄土とはどのような世界なのか、触れていくことにしよう。


ざっくりと説明すると、「極楽浄土」は我々の住む煩悩に満ちた世界から、はるか西方に浮かんでいるそうだ。西方のユートピアを求めた物語と言えば『西遊記《さいゆうき》』だが、三蔵法師《さんぞうほうし》と孫悟空は、この極楽浄土をめざしていたといっていい。


さて、この**〝極楽浄土〟は、「阿弥陀如来《あみだにょらい》」の住む理想郷**だ。

日本でこの極楽信仰が流行したのは平安末期だが、それは「ただひたすらに『南無阿弥陀仏』という言葉を唱えると、阿弥陀如来が救済にやってきて、極楽まで連れて行ってくれる」という教えをベースにした、浄土宗が生まれたからにほかならない。この信仰が庶民の間で爆発的に広まったのである。

よく耳にする「南無阿弥陀仏」の言葉は阿弥陀仏からの救済を念じる言葉で、「阿弥陀如来の元へお連れください」という意味になる。

〝解脱〟できたご褒美は永遠の安らぎ

さて、極楽世界にスポットをあてると、とにもかくにも、歓迎をもって迎えられるのだという。

いざ息を引き取るとなったとき、極楽に迎えられる者の胸にはただ、安らぎだけが広がる。やがて、周囲は神々しい光で満ちあふれ、紫雲に乗った阿弥陀如来やそのほかの菩薩たちがお迎えにきてくれる。

その極楽に連れてこられてみると、自分自身の体も黄金に輝き、神々しい仏の姿になるのだそうだ。

天からは美しい音楽が聞こえ、曼陀羅華《まんだらげ》

という美しい花が常にふわりふわりと、舞い落ちてくる。空気はおだやかで香《かぐわ》しさに満ちていて、暑さ、寒さはなく、理想的な気候の中にあるのだという。

仏土に立つ木々は四宝《しほう》（金・銀・瑠璃《るり》・水晶）で飾られており、川には金銀、宝石がちりばめられている。池には清涼な水がたたえられ、美しい花々がぷかぷか浮かぶ。

そう、極楽浄土には「老病死」などの一切の苦がない。ただ〝楽〟があるのみだ。

しかし、極楽でもすべきことはある。修行だ。といっても、極楽には阿弥陀如来をはじめ、諸菩薩や仏様が数多くいらっしゃる。彼らを讃え、ときには話に耳を傾け、供養することで崇高な心を維持し続けることができるのだそうだ。

極楽浄土にたどり着くために、何度も何度も生まれ変わり、〝自らの足りない部分〟を見据え、〝なすべきこと〟に取り組んでいくのだ……。

以上が、仏教の説く〝あの世〟のあらましである。

2章

「幽体離脱」――魂が肉体を抜け出す瞬間

――この〝驚愕の体験談〟はどこまで真実なのか

「魂」は本当に存在するのか

「人は死ぬと魂の分、体重が軽くなる」

という話を耳にしたことはないだろうか。

先にも書いたが、古代エジプトでは「人が死ぬと、魂（バー）が肉体から離れる」と考えられていた。

キリスト教でも、神が地上の人間にくだす〝最後の審判〟では、大天使ミカエルが〝魂の重さ〟を量るという。

そして二〇〇三年に、この〝魂の重さ〟をテーマにしたアメリカ映画、その名も『21グラム』が公開され話題になった。

というのも、この〝重さ〟はかつて、れっきとした実験によって導き出されたものだからだ。

「魂は21グラム」――米国人医師による センセーショナルな実験報告

実験を行なったのは、アメリカ・マサチューセッツ州に住んでいた医師、ダンカン・マクドゥーガル博士だ。

結核患者を集めたサナトリウムに勤務していた彼は、「人間には〝魂〟というものが宿っていて、死と同時に肉体から離れる。これが本当だとしたら、**〝死〟の前後で体重の変化があるのではないか**」という仮説のもと、一九〇一年四月十日、死を目前に控えた患者に依頼し、この仮説を立証しようとした。

マクドゥーガル博士は、当時〝最も精巧だ〟と評判の高かった、フェアバンク社の台付きの量《はか》りに木枠を取り付け、その上に簡易ベッドを置き、患者を横たえた。

博士はこの方法で、六人の患者の体重の変化を調査した。

うち二人は計測ミスがあったようだが、**一名に四分の三オンス、つまり二十一グラ**

ムの体重の減少がみられた。

また、他の被験者たちもわずかではあるが、体重が減少していたのだという。

この結果は、論文にまとめられ、一九〇七年医療専門誌『アメリカン・メディスン』に発表された。あまりにもセンセーショナルな内容に、当時の『ニューヨーク・タイムズ』にも取り上げられ、世界的な話題になった。

「人間には魂があるが、犬には魂がない」!?

もちろん、「ありえない」と、異論を唱える学者は多かった。

死後の体重が減少した原因として有力な説は、〝発汗作用〟による、というものだ。

人が死に、呼吸が止まると、一時的に体温が上昇する。これは、肺が行なっていた体温の冷却作業が停止してしまうためだ。「二十一グラム」というと、ほんのわずかな重さである。確かに〝発汗作用だ〟といわれても、無理のない数値ではある。

この批判に対抗するかのように、マクドゥーガル博士は犬でも同様の実験を行なっ

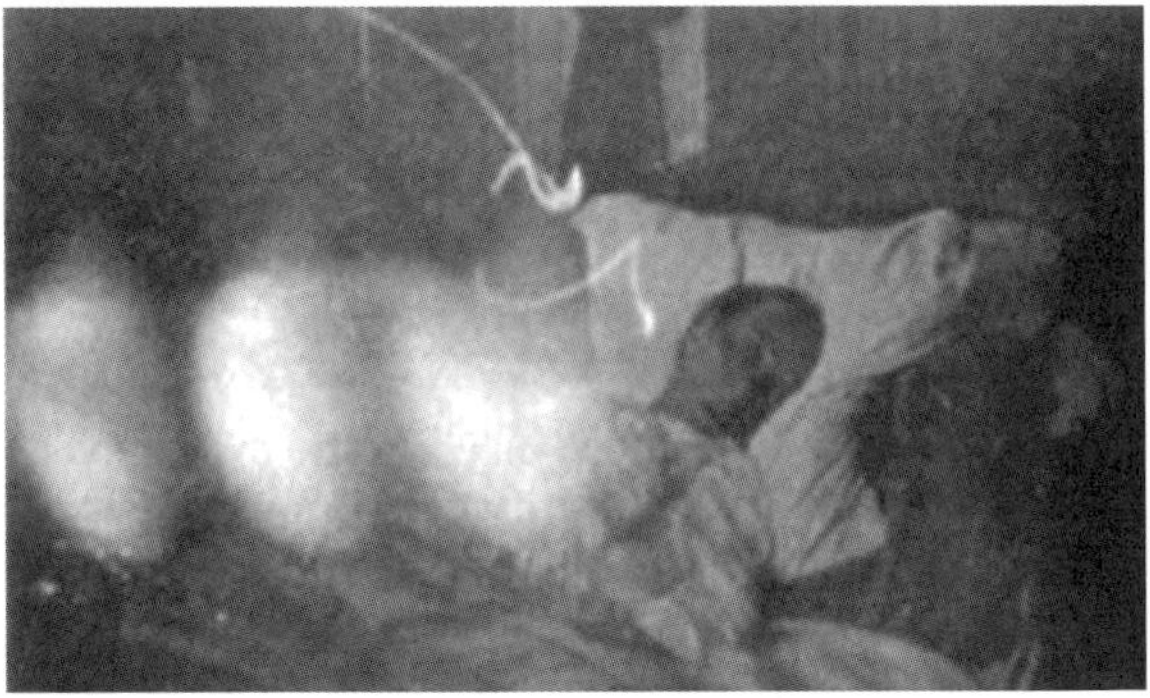

1907年に撮られた死に際の男性。
写真に写った三つの光の玉こそ、この男性の魂だという

ている。十五匹の犬が用いられたが、どの犬にも体重減少はみられなかった。この結果を受けて、マクドゥーガル博士は、

「人間には魂はあるが、犬には魂はない」

と立証したという。

しかし……。実は、この実験結果に関しては、

「死んだ直後の犬の体重が減少しなかったのは、犬には汗腺がないためだ。汗が蒸発しないのだから、体重が減るはずがない」

と、反論されているという。

また、マクドゥーガル博士の実験以降、〝魂の重さの減少〟実験に成功している学者は存在しない。そのため、今では〝都市伝説レベル〟の雑学とみなされているよう

だ。

しかし……**人は、「肉体」と「魂」の二つに分かれることがあるのか？**　という問いに対しては、博士の実験から百年以上を経た今でも、明確な答えは出ていない。

しかし、それを実証する体験談として多くの報告があるのが、本章でこれから取り上げていく**「幽体離脱」**なのだ。

肉体と霊体は〝光のコード〟で結ばれている!?

幽体離脱とは、体は生きているままでありながら、霊体（魂や意識）だけの存在となって肉体から抜け出すことをいう。

そう、我々が何らかのきっかけによって「肉体」と「霊体」の二つに分かれることができ、そして肝心の〝意識〟が、肉体ではなく霊体のほうに宿っているのであれば——肉体の消滅＝すべての終わりではないこと、が証明される。

幽体離脱は、「物質世界以外の世界」「あの世」「死後の世界」が確かに存在することを、我々に生きながらにして体感させてくれる現象なのである。

筆者の友人にも、「幽体離脱をしたことがある」と語る人物がいる。

しかも興味深いことに——彼はそのときに**「体と霊体を結びつけている〝光るコード〟を見た」**のだという。

三十代の男性なのだが、仮にA君としよう。

彼が中学生の頃、友人たちの間で座禅と瞑想が流行したのだそうだ。きっかけはさだかではないらしい。とにかく彼は毎晩、就寝前に座禅を組み、深く呼吸をして目を閉じ、〝無の境地〟に至ろうと努力した。

そのようなトレーニングをつむうちに、いつしかA君は幽体離脱ができるようになったのだそうだ。といっても、意のままに魂を出し入れできたわけではなく、無意識のうちに、だ。

瞑想を始めた頃、彼は「就寝中に、尿意をもよおしてトイレに行く」というリアリティーのある夢を繰り返し見るようになったのだそうだ。

ふと、トイレに行きたくなり、目が覚める。トイレまで行き、ドアを開け、確かに用を足す。ドアを閉め、ベッドに戻ってきた……と思ったら、実はそれは夢で、自分はまだベッドで寝たままの状態にある。

「変な夢を見たな」と思い、再びトイレに立つ。そして……三～四回、同じような夢を見た後、ようやく、ふっと〝本当に〟目が覚めるのだそうだ。

幽体離脱中に目撃した〝光るコード〟

ある日のことだ。A君は就寝中にいつものように尿意をもよおし、布団を出た。**ふと、ベッドが気になり目をやると、なんとそこに自分が寝ているではないか。**

パニックに陥りながらも、〝寝ている自分の姿〟をよくよく見ると、片足首からぼうっと光る、手首ほどの太さのコードが出ていて、〝起きている自分〟の片足首に繋がっている。

「このコードが切れたら、死んでしまうのではないか」

ととっさに感じたA君は、急に恐ろしくなり、コードを隠すようにして、ベッドに横たわる自分の体の上に重なった。そして目を覚ますと、自分の肉体に〝戻っていた〟のだそうだ。

そう、A君はトイレに行く「夢」を見ていたわけではなく、幽体離脱を繰り返していたのだ。

その後もA君は、毎晩のように同様の体験をした。

この頃になると〝自分は幽体離脱をしている〟という自覚はあったが、「恐ろしくて、このまま飛んで自由にあちこちに行きたいなどという発想は起きなかった」のだという。ただ、〝コードが切れないように〟ということだけを、ひたすら心配していたのだそうだ。

この〝幽体離脱事件〟だが、不思議なことに瞑想をやめたとたん、おさまったのだという。瞑想をすることで〝宇宙と一体になる境地にまで達した〟とA君は自慢げに言うが、「もうあんな経験はごめんだ」と笑う。

この〝光のコード〟について、こんな話もある。

数カ月前、知人のB子さんが乳ガンの手術を受けた。幸い発見が早く、軽い手術ですんだそうだが、B子さんの病室には、ガンが進行していて数時間にもおよぶ手術を受けた女性がいた。

この女性が、手術の際、幽体離脱を体験したのだという。

ふと気がついたとき、女性は手術台の傍らにいた。そして、手術台に目をやると、そこに自分の体が寝転がっているのを見つけた。「いったい何が起きているのか、もっとよく見たい」と思った瞬間、フワッと〝霊体〟としての自分が宙に浮いたのだそうだ。

そして、手術台の上の自分の〝肉体〟を見おろすと、〝霊体〟の自分と左の足首同士が、光るコードで繋がっていた。

彼女はA君とは逆で、**「このコードが繋がっているから、大丈夫。私はまだ生きている」**という妙な自信を持ったのだという。

〝光のコード〟が細くなると肉体はどうなる？

この「光のコード」だが、スピリチュアリストの間では、割と知られたもののようだ。

近代科学は、人間＝肉体とみなし、肉体の滅亡を人間の死だとみなす。

しかしスピリチュアリストたちは、「物質界における人間は三つの要素から成り立っている」と力説する。

三つの要素とは、**「肉体」**と**「精神（エーテル体）」**、そしてその両者を操る**「霊（スピリット）」**だ。そして、

「肉体が死ぬとき、エーテル体とスピリットは肉体から分離し、以後は二者の結合体——いわゆる〝霊魂〟として存在する。この霊魂は肉体の死後、地上より一段と高い生活環境、いわゆる〝霊界〟で生活する」

と続ける。

さて、この〝霊魂〟は、人体に活力を与えている「生体磁気」と「生体電気」が十分にみなぎっているうちはしっかりと結合しているが、活力が消耗すると肉体から離れてしまうという。すなわち〝死〟だ。

ジョン・レナード著の『世界心霊宝典三　スピリチュアリズムの真髄』（国書刊行会）に、こんな興味深いエピソードが記されている。

ロングリー夫人という霊媒が、自身の指導霊であるジョン・ピアポントに、霊界側

からみた〝死〟について問いかけた。

すると、ピアポントは、**「霊界の目で見ると、この世の肉体と霊魂は、超エネルギー・超物質でできたコードで結ばれている」**と、答えた。

ピアポント自身、七十歳で亡くなるとき、自分から出ているやせ細った〝光のコード〟を見ており、**このコードが細すぎて、霊体を肉体に戻すことが叶わなかった**のだそうだ。ピアポントは、

「〝死〟を意識しながらやせ細ったコードを見ていると、急にキラキラと輝きはじめた。そして、急に霊体となった自分のもとに向かって脈打ちはじめた」

「その勢いでついに肉体から分離し、一つの光の玉のように丸く縮まって、やがて、既に私が宿っている霊体の中に吸い込まれてしまった。これで私の死の全過程が終了した。私は肉体という名の身体から永遠に解放されたのである」

と話したのだそうだ。

どうもこの〝光のコード〟は、何らかの力によって切断されるのではなく、霊体に吸収されることによって、その役目を全うするようだ。

自由自在に「幽体離脱」をなしとげた怪人・スウェデンボルグ

実は今から数百年以上も前に、「霊界へ自由に出入りした」と著書に書き残した人物がいる。

十七世紀に生きたスウェーデンの巨人、エマニュエル・スウェデンボルグだ。

彼の著書『私は霊界を見て来た』（今村光一抄訳・編、叢文社刊。以下、引用は同書による）によると、

「私は過去二十数年間にわたり、肉体をこの世に置いたまま、霊となって人間の死後の世界、霊の世界に出入りしてきた。

そして、そこで多くの霊たちの間に立ち交じり、数々のことを見聞きしてきた。

私がこれから記すのは、私自身が死後の世界、霊の世界で、この身をもって見聞き

し、体験してきたことの全てである」

とある。そう、つまり**彼は「幽体離脱」を日常的に行なっていた**というのだ。

そんな摩訶不思議な著書を残したスウェデンボルグとは、いったいどのような人物なのだろうか。

『新世紀ビジュアル大辞典』(学習研究社刊)によると、

「スウェーデンの哲学者、神秘主義者、技術者(一六八八〜一七七二)。船の運搬機を発明して戦争に貢献、貴族に列せられた。その後、心霊研究に没頭、独自の聖書解釈を行なった」

とある。

そう、彼は十七もの学問の分野で百五十冊もの著作を残し、研究者としての功績をあげ、スウェーデンの貴族院議員、政治家としても活躍している。そのあまりのスケールの大きさに、同時代のドイツの哲学者カントが評伝を残すほどだった。

その彼は大脳研究の先駆者としても知られるが、大脳の研究は大脳生理学が盛んになった二〇世紀になって、やっとほかの学者たちが注目するようになったジャンルである。

なぜ彼がこれほどまでの叡智《えいち》を持ち得たか。スウェデンボルグその人の謎だけで、ゆうに一冊の書物ができるほどだ。

〝死の技術〟――「魂だけの存在」になる方法

さて、そのスウェデンボルグだが、〝肉体をこの世に置いたまま〟どうやって霊の世界に出入りするのだろうか。

彼の著書によると、

「霊の肉体離脱の初めに、私は必ず眠っているのでもなく、といって目覚めて覚醒しているのでもないという特別な感覚の中にいる自分を自覚する。

それなのに、このような時、私は自分では、自分が十分に覚醒しているのだという意識がさえざえとする。

だが、ここで注意しなければならないのは、**この覚醒は普通の肉体的人間としての覚醒ではなく、霊としての、霊の感覚においての覚醒なのだということだ**」

とある。

この記述は幽体離脱を意味しているのだろう。

そして、「このような時の私をもし人が見るとすれば、私は全ての人間としての意識を失って死んだとしか見えないだろう。また、心臓の鼓動、肺臓の脈拍も止まっているに違いないのだ」と続ける。

彼はそれを**〝死の技術〟**と呼ぶ。つまり彼は、彼の意のままに肉体と精神を切り離し、魂だけの状態になることができたのだ。それは、**自らの意思でコントロールされた〝幽体離脱〟**といってもいいだろう。

「霊界の戸口」が開かれる瞬間

彼は自ら幽体離脱することによって、より深い〝霊の旅〟をすることにも成功している。スウェデンボルグによれば、これは普通の人にも起こりうるという。というのも、彼曰く、**現世と霊界はとても近い位置にある**からだというのだ。

「――何とはなしに、背中に人の気配のようなものを感じた。何かに見つめられているような気がしたので、後ろをふり返って見たが、そこには何もなかった。ただその部分の空間には、いつもの空間とは違った何かがあるような気がして、しばらくその空間を見つめていた。このような経験はだれにでもあるはずだ。この経験は、あまりに淡いため、人々の注意や恐怖を呼び起こすことはないが、これはあなたの背後に、霊や霊界、死後世界が、暗い闇のようにひっそりと忍び寄る姿をのぞかせる瞬間なのだ。

そして、**これを感じた瞬間、あなたも瞬間的に死んで霊界の戸口を垣間みたのである**」

と、彼は記している。

「三途の川」を行き来できる男が書いた「霊界」の真実

さて、それではスウェデンボルグは、〝死後の世界〟はどのようなところだと記しているのだろうか。

スウェデンボルグによれば、死後の世界への旅は〝死〟によって始まる。

「死を霊の立場、霊界の側から見れば、単にその肉体の中に住んでいた霊、**その肉体をこの世における一つの道具として使用してきた霊が、肉体の使用をやめたということにすぎない**のである。そして、霊はこの後は霊界へと旅立っていくのだ。死は霊にとっては霊界への旅立ちにすぎないのだ」

ただ、その霊の旅立ちは死の直後からスタートするのではなく、一定時間、現世にとどまってからになるのだという。〝この世の時間〟でいえば二、三日の間があるのだそうだ。

この間に、**霊界から〝導きの霊〟が死者のところにやってくる。**この導きの霊と死者の霊は、死者の肉体が置かれている場所でお互いの想念の交換を行ない、そこで死者の霊は、おぼつかない目覚めを迎えるのだそうだ。

「ぼんやりとだが、広い平原のような紫色、向う岸も見えない大きな河、うすく空に照っている太陽のようなもの、何か人間を思わすような感じの生物——だがかげろうのように影はうすい——が自由にその世界の空中を飛んでいるような、こんな不思議な世界が見えているような気がする」

ここで初めて死者の霊は、死後の世界での覚醒を得る。そんな霊に、導きの霊は霊界の言葉で告げるのだ。

「汝、いまや精霊なり。汝、これより霊として永遠の生に入るなり」

しかし、死者の霊はすぐさま〝永遠の生の世界〟へと導かれるわけではない。まずは、**〝精霊界〟**と呼ばれる場所へ向かうのだという。

この精霊界は、人間の世界にとてもよく似ているそうで、「生きているのか、死ん

でいるのか、よくわからない」と、混乱を起こすほどだそうだ。それは、死者が生前に〝死後の世界が存在する〟ということを教えられなかったために起こるのだという。そして、ここで**〝死ぬための心構え〟**をする。

さらに興味深いのは、**霊が霊界へと移動する際、〝大きな河〟を渡る**という点だ。

「私は最初、大きな河の上を飛んでいたように思う。この河は東洋の聖なる河ガンジス川や中国の揚子江などとは比べものにならない大きな河幅をもち、水はゆったりと流れていたようだ。

河の上を通り越すと私の眼下に大きな海

が見えてきた。
私は海の上を飛びながら、自分の飛んでいく方向の暗い空に一つの小さく輝く星のようなものを見た。海の上をかなり飛んだとき、私は、さっきまで小さく見えていた星が急に巨大な光のかたまりになって私を焼きつくそうとしているのをとっさに感じて、恐怖のあまり眼を閉じてしまった」

実は、臨死体験者の多くは、こうした河の存在を報告している（仏教徒であれば、その河を「三途の川」と呼ぶ）。しかし、この河を越えてなお、現世に戻ってきたという報告はひとつもない。

つまり、**この河を越えた先こそが〝真の死後の世界〟**であり、スウェデンボルグはその〝死の技術〟によって、越境をなしとげたのである。

境界を超える一瞬、気を失っていたスウェデンボルグは、やがて目覚め、霊の声を聞いた。

「汝、いまや永遠の霊なり。ここは霊界なるぞ」

肉体のない〝霊的感覚・霊的能力〟だけの世界

そしてスウェデンボルグが見た〝霊界〟は、実に壮大な景観だったという。左手はるか遠方には、天に届くばかりの氷の山々が峰をつらね、中央には青い水をたたえた海のようなものがどこまでも続いており、その右手にはさまざまな形の岩山がそびえる広大な砂漠のようなものが広がっていたそうだ。

そうした遠景の手前に、霊たちの住む世界があった。

霊たちは、人間と同じような姿をして、人間界のような世界で暮らしていたというが、物質的な肉体は持っていない。その代わり、〝霊的感覚〟〝霊的能力〟がそなわっているのだそうだ。

その後、スウェデンボルグは霊たちの街や村を徘徊《はいかい》するのだが、面白いのは、**性格の合う似たような者たちでコミュニティーを形成している**点だ。

「ひとつの街や村の住居のかたちがすべて同じだったり、同じ雰囲気を持っているのは、そこに住む霊の性格がまったく同じだからだ」

と、スウェデンボルグは霊たちに説明されたという。

さらに、スウェデンボルグは『天界と地獄』という書で、**〝あの世〟は「天界」「霊界」「地獄」の三つの世界に分かれる**と書いている。さらにその中でそれぞれが、中心から第三、第二、第一と分かれているそうで、中心に行くほど上等だとされている。

スウェデンボルグはその最上界の「天界」も訪ねているが、そこはこの世の言葉ではとてもいい表わすことのできない、壮大で華美を極めた宮殿を中心とする街だったという。

そこに住む霊たちの顔も幸福に輝き、彼らの瞳には高い理性と悟りを示す輝きが宿っていたのだそうだ。

「魂の行き先」は〝本人の意思〟で決められる!?

一方、最下層の「地獄」の世界について、スウェデンボルグはこんな興味深いことを言っている。

「現世で悪いこと、不道徳な生涯を送った者は、死後、地獄へ投げ入れられ、そこで永遠の罰を受ける――しかし、これは私に言わせれば宗教上の必要から作った作り話で、少しも根拠はない架空の話である。

私のいう地獄は、投げこまれる地獄でもなければ、地獄に住むというサタンやデビルなどにより、永遠の苦しみを与えられる地獄でもない」

どういうことか。つまり、スウェデンボルグによると、**死後に「天界」「霊界」「地獄」のどのカテゴリの世界に移住するかは、その人自身の魂が決める**というのだ。

「地獄へ行く精霊は、現世にあったとき、たとえば物質的欲望、色欲、世間的名誉欲とか支配欲などといった、人間の外面的、表面的感覚を喜ばすことばかりに心を用い、本当の霊的なことがらを極端にないがしろにした者である。

これらの者は霊的事物には全く眼が開かれなかったため、精霊界に入ってもやはり開かれない者が多い。（中略）

そして、精霊界にどれほど長い期間いても、彼らはそれらが与える幸福や霊的理性の輝きを感ずるようにはならず、逆にその間に、地獄界の火に心をひかれ、地獄界の凶霊たちに親しみを感じるようになる。

この結果として、彼らは希望するところに従って、その自然な凶霊的な心の命ずるままに地獄界へ入っていくのである」

つまり、**魂となった霊がどこへ行くかは、最終的には死後の本人の意思であり、地獄へ行くことさえも、自らの選択によるもの**だというのだ。

前章で紹介した、「六道」の世界を思い起こしてほしい。各々の生前での思想や生活、習慣が、〝死後の世界〟でも自分の行くべき道を決めるということを、スウェデンボルグが説得力を持って教えてくれている。

3章

「臨死体験」者が語る不可思議すぎる話

——死後にも〝意識〟は存在するか？

〝生〟と〝死〟のはざまに立つ――「臨死体験」とは何か

人類が誕生して以来、「人間は死後、一体どうなるのか」ということについては、世界のいたるところ、あらゆる時代を通して考えられてきた。その中で生まれた結論は、大きく二つに分けられる。

「人間は死後も、別世界で生を続ける」

「一切が無になって消えてしまう」

という考え方だ。

そして、この難問を解く「カギ」となるのが、**生と死のはざまの世界へおもむく〝臨死〟体験**である。

事故や病気などのために死の危機に直面し、そこから奇跡的に生き返った人たちが目撃した世界こそが、まさに死の世界の入り口であり、〝死後の世界〟を立証する証拠になるに違いない。

こうした例は世界中で数多く報告されており、体験者が口々に語る話には、不思議な共通点が見られることも興味深い。

本章では、そんな「臨死体験」の実態にとことん迫っていこう。

体験者による証言の〝不思議な共通点〟

最初にこの臨死体験について語った近代人は、スイスの地質学者アルベルト・ハイム（一八四九―一九三七年）だ。彼はアルプスの地質調査中に誤って岩山から滑落して死の淵をさまよい、不思議としかいいようのない体験をしている。

これまでの人生の出来事が頭の中で急速にフラッシュバックし、楽園とおぼしき超自然的な美しいビジョンが現われたのち、超越的な平安の状態が得られる……。

ハイムは、このような臨死体験をして以降、十数年にわたって自身と同じような

〝死の境遇〟を体験した人を追跡した。その結果、死に瀕《ひん》した際の原因やシチュエーションはまったく異なるにもかかわらず、その**九五パーセントまでが似たようなビジョンを見ていた**ことがわかったという。彼は一八九二年、その研究成果を発表している。

このハイムの研究を発端に、〝臨死体験〟は多方面の学者らによって研究されるようになった。一九七一年にはアメリカの精神医学者ラッセル・ノイズが、ハイムの研究報告や心理学者カール・グスタフ・ユングの自伝など、多くの資料をもとに、さらに詳細な研究を発表した。

彼は、それらの**臨死体験の事例に繰り返し現われる〝共通の型〟がある**ことに着目し、その過程を次の三つの段階に定式化している。

○第一の段階は「抵抗」

生命の危険の知らせ、死への恐怖、生へのあがき、そして最後に死の受容がある。

○第二の段階は「人生の再現」

これまでの人生の出来事がパノラマのように次々に現われる。

○第三の段階は「超越」

ここで初めて、意識は神秘的な状態を経験する。

今ではさほど珍しい話ではないが、「死んだら、神の裁きの日までただひたすら復活を待つ」というキリスト教の教理が根ざしたアメリカでは、画期的な発想だった。

●オートバイ事故で重傷を負った青年の臨死体験

続いてアメリカの研究家、エリザベス・キューブラー・ロス、レイモンド・ムーディ、ケネス・リングらが、多くの事例を集め、厳密な検討を加えていくと、さらに人々の〝臨死〟への関心は深まっていく。

そしてムーディは、新たに収集・分析した臨死体験の事例から、十の段階が存在することを導き出した。オートバイで重傷を負い、救急病院に運ばれたY・K（二十歳）の体験談がその要素に合致する。彼の話を例にあげながらみていこう。

一）死の宣告を聞く

「事故の瞬間、ガードレールがスローモーション・ビデオを見るようにゆっくり近づいてきました。〝俺は死ぬのか〟と思ったきり、意識を失って……。ザワザワという声で気がつくと、病院にいたんですが、『瞳孔《どうこう》が完全に開いている。もうダメだ』という声だけが聞こえるんです。『何を言ってるんだ。俺はまだ生きている』と叫ぶのですが、周りは聞こえていないようでした」

二）心の安らぎと満ちたりた感覚を味わう

「でも、不思議なんです。『もうダメだ』なんて言われているのに、腹が立たないいんです。〝俺も無茶なことをしてきたからな。仕方がない〟そんなふうにすごく気分がゆったりしてきて、なぜか恐怖心はありませんでした」

三）肉体から離脱する

「と、今まで音しか聞こえていなかったのに、急に周りの光景が見えるようになったんです。ベッドがある、母がいる、父もいる。そして……俺がいるんです。そう、頭

に包帯を巻いてベッドに寝ている俺の姿が見えるんです。その自分の体を見ている俺は、空中にただよっていました。妙な気持ちでした。体に戻りたいとは思わず、自分の体に申し訳ないとばかり考えていました」

これらは、多くの臨死体験者からよく聞かれるエピソードだ。まず死の宣告をする周囲の声を聞き、いつしか景色が見えるようになり、横たわる自分自身の姿を見る。つまり幽体離脱だ。

自分自身は横たわり、目はしっかりと閉じられているはずなのに、そのとき〝見た〟様子を実際の状況と照らし合わせると、驚くほど正確なのだという。

そのとき、人は何を見るのか

さてバイク事故で臨死状態になったY・Kは、いよいよ〝現世〟を離れ、ここからは〝新たな世界〟へと、魂だけが旅をすることになる。

「臨死」の段階を続けて見ていこう。

四）暗いトンネルに入る

「そのうち、突然、真っ暗な虚空の中に入り込んだんです。すごく暗い、真っ黒な螺《ら》旋《せん》形のトンネルみたいなところです。その中を猛烈なスピードで引っぱられていく。俺自身も、何か丸いボールになったような感じでした」

五）光を見る

「トンネルの中に入って、どのくらい経過したでしょうか。暗闇の中に、キラキラと輝く金色の光が現われてきたんです。それがやがて俺をすっかり包みこんで……。とてもいい気分でした。安らかで、気持ちがなごみました」

六）見たこともない美しい世界に入る

「まばゆい光の中にいながら、そのうち目が慣れてきて、気がつくと見たこともない美しい世界にいたんです。ピカピカ光る草が生えていて、花も光っていて、それがどこまでも広がっていました。事故でこんな目に遭っていながら〝こんなところをツーリングしたら最高だな〟なんて感じていましたね」

七）親しかった人たちとの出会い

「その光の草原をただよっていくと、**川があったん**です。やはりキラキラ輝く水が流れていて……飛び込んだら気持ちいいだろうな、と思って近づいていくと、向こうに親友がいたんですよ。オートバイ仲間。最高の友だちでした。一年前に彼がトラック事故に巻きこまれて即死したときは、俺、一緒にはいなかったんです。だから、つい懐かしくなって、

『おーい、元気かー！』

と、手をぶんぶん振って、駆けていこうとしたんです」

八）光の精、光の天使と会う

「その瞬間、俺の前にぼんやりした光のかたまりが現われて、それがみるみる大きく輝きだしたんです。まるで、俺の前に立ちはだかるみたいにして。そして話しかけてくるんです。**言葉じゃなくて、俺を包みこんで、俺に直接何かを伝えてくる**んです。

『お前は死ぬ用意ができているのか。人生の中で満足できるようなことをやったのか』

うまく言い表わせないけど、厳しさのある感じでした」

九）生涯の回顧

「次の瞬間、俺の前にパッパッと、映像というかイメージが写し出されたんです。これまで俺がしてきたことが。これまでたいしたことをやってなくて、良くないことばかりでした。これじゃいけないな、と思いました。これでは俺が死んでも、誰も俺のこと良く思ってくれないじゃないか、母が悲しむだけじゃないかって。そんな気持ちがむくむくと湧き上がってきたんです」

十）「やっぱり、帰らなくては」と決断する

「気がつくと、映像も光も突然消えてしまって、また川の向こうに、友だちの姿が見えてきたんです。それで、川を渡って近づこうとすると、ヤツ、「来るな」って合図をしてきたんです。両腕を大きくバッテンにクロスして……。

『俺の分まで生きてくれ』そのようなことを言うと、急に湧いてきた霧の中に消えてしまったんです。〝ああ、やっぱり帰らなくちゃいけないいんだな〟そう思ったとき、パッと意識を取り戻しました。枕元に母の顔が見えました」


彼が目を覚ましたのは、事故から四日後のことだったという。

「体力があったからでしょうね」

と、本人は笑うが、外科医も周囲も大変驚いたという、臨死体験談である。

先にも述べたが、ほとんどの臨死体験者が同様の体験をしている。これは、この〝旅〟がけっして幻や夢でないことを示しているといっていいだろう。

死後に存在する意識がある——。

この意識を、超心理学の用語では〝霊〟と呼ぶ。もちろん、〝霊〟の存在そのものは証明されていない。だからといって「ない」と結論づけるのも早急だ。

臨死体験は、霊魂、そして死後の世界が〝存在する〟という仮定を立証するうえで、重要な証言になるのは間違いない。

夏目漱石、ビートたけし……「死後の世界」を垣間見た有名人たち

誰もが知る有名人の中にも、臨死体験をしている人がいる。

たとえば、文豪・夏目漱石もその一人。といっても、漱石が体験したのは臨死体験の一歩手前、幽体離脱にすぎないのだが……。

漱石が生死の境をさまよったのは一九一〇（明治四十三）年八月。四十三歳のときのことだ。漱石は生まれつき、肉体的にも精神的にもあまり強いタイプではなかったようだ。そして、それは作家として絶頂期のときに、胃の病として表われた。胃潰瘍《いかいよう》だ。

このとき、漱石は前期三部作として名高い『三四郎』『それから』に続く『門』の執筆にとりかかっていた。そんなある日、療養先の伊豆・修善寺《しゆぜんじ》でなんと八百グラム

にもおよぶ大吐血をする。後に「修善寺の大患」と呼ばれる出来事だ。

漱石はすぐに病院に運ばれるが、約三十分、生死をさまよう危篤状態に陥った。このときの様子を漱石は著作『思い出す事など』に詳細に書き記している。興味深いのは、作品の中盤に書かれている自分の状態に関する記述だ。

病床の漱石が体験した〝尋常を飛び越えた〟精神状態とは

漱石は、大吐血をして五〜六日が経つか経たないかの頃、毎日のように時々、一種の不思議な精神状態に陥ったのだという。

それは、**「尋常を飛び越えていた」**のだそうだ。

彼は人と話をできるほど回復はしていたようだが、十分と話せる状態になかった。ただ仰向けになって、病室の窓から見える外の景色を眺めることを日課にしていたという。そのときの精神状態を、彼は次のように記している。

「そのうち穏やかな心の隅が、いつか薄く暈《ぼか》されて、そこを照らす意識の色が微かに

なった。すると、ヴェイルに似た靄《もや》が軽く全面に向って万遍なく展《の》びて来た。そうして総体の意識がどこもかしこも稀薄になった。それは普通の夢のように濃いものではなかった。尋常の自覚のように混雑したものでもなかった。またその中間に横たわる重い影でもなかった」

外を眺めているうちに、心が平穏な状態になり、自分の意識が希薄になっていったのだという。そして——。

「魂が身体から抜けると云ってはすでに語弊がある。霊が細かい神経の末端にまで行き亘《わた》って、泥でできた肉体の内部を、軽く清くすると共に、官能の実覚から杳《はる》かに遠からしめた状態であった」

自分の魂が神経の末端にまで行きわたる感覚を味わい、恍惚の状態に陥っている。さらに続ける。

「**床の下に水が廻って、自然と畳が浮き出すように、余の心は己の宿る身体と共に、蒲団から浮き上がった。**より適当に云えば、腰と肩と頭に触れる堅い蒲団がどこかへ行ってしまったのに、心と身体は元の位置に安く漂っていた」

そう、まさにこのとき、漱石は幽体離脱をしていたのだ。

芸能人たちが語る衝撃的な〝臨死体験〟

歌手でタレントの加山雄三《かやまゆうぞう》も、臨死体験をした人物として有名だ。彼はテレビや雑誌、ラジオなどでも再三その様子を語っている。もちろん、本人の自叙伝にも、その様子が記されている。

二〇〇〇年に刊行された『終わりなき航路―加山雄三の人生』（世界文化社刊）によると、彼が臨死体験をしたのは十九歳のときのことである。

当時、〝慶應ボーイ〟だった彼が、国民体育大会の予選の練習に、母親とスキー場に行った際、インフルエンザにかかり高熱にうなされてしまった。

すぐにスキーをしたかった彼は医者を呼び、抗生物質の注射を打ってもらうのだが、彼は少し特異な体質だった。そのため、なんと体が薬に拒絶反応を引き起こし、次第に容態が悪化。ついには数分間、心臓が完全に停止してしまったのだ。

彼は著書の中で、

「小さな光があり、自分は暗闇の中にいて、その小さな光のところに行かなくちゃ、あの光のところにどうしても行かなきゃと、どこかで強く思っている」

と書いている。そして、その光が大きくなり、赤や黄色、緑の美しい筋が何本も横に浮かんだ。その場所は〝お花畑〟のようだったという。

しかし、他の事例と異なるのは、彼は「自分はこんなに若い、それなのにもう死んでしまうのか」と、苦しみもがいたのだそうだ。

すると、母親の「しっかりするのよ！　死んじゃダメ！」という声が聞こえてきた。

母親はこのとき、彼の手や足をもんだり、顔を必死にたたいたりしていたそうで、さらにバッグから数珠を取り出し首にかけた。

その甲斐あってか、どこからともなく、彼の体を暖かいものが包み、体全体がよみがえるような気がした。

「あっ、心臓が動き出した！」という声と、「大丈夫だ、大丈夫だ」という声が聞こえ、自分が〝どこか遠くから、戻ってきた〟ことを知ったのだそうだ。

他にも俳優の石原裕次郎は一九八一年、解離《かいり》性大動脈瘤《せいだいどうみゃくりゅう》と診断され、手術を受けている最中に**「三途の川のようなものを見た」**という。

タレントのビートたけしは、一九九四年、原付バイクに乗って事故を起こしたとき、大怪我をしている自分の姿を上から俯瞰《ふかん》して見たのだそうだ。また、「亡くなったタレントの逸見《いつみ》政孝《まさたか》さんと会った」とも語っている。

ほかにも名前を挙げると、枚挙に暇《いとま》がない。彼らに共通するのは、**〝臨死体験の後、愛情深くなり、いい意味で人生観が変わった〟**と語っている点だ。

もしかしたら〝臨死体験〟は、神によるはからいなのかもしれない。

心理学者ユングが自伝に書き記した「宇宙体験」

「分析心理学」の創始者で、深層心理学の大家、カール・グスタフ・ユングは、実は〝臨死研究〟においても名の知れた人物であることはご存知だろうか。

というのもユングは、実際に臨死体験をしており、多くの著書にもその影響を色濃く残しているからだ。ユングが〝臨死状態〟に陥ったのは一九四四年、六十九歳のときのことだった。

そのときの様子をユングは『ユング自伝2――思い出・夢・思想』（みすず書房刊）の中で、こう記している。

「一九四四年のはじめに、私は心筋梗塞につづいて、足を骨折するという災難にあった。意識喪失のなかで譫妄《せんもう》状態になり、私はさまざまの幻像をみたが、それはちょうど危篤に陥って、酸素吸入やカンフル注射をされているときにはじまったに違いない。幻像のイメージがあまりにも強烈だったので、私は死が近づいたのだと自分で思いこんでいた。（中略）

私は宇宙の高みに登っていると思っていた。はるか下には、青い光の輝くなかに地球の浮かんでいるのがみえ、そこには紺碧の海と諸大陸がみえていた。脚下はるかかなたにはセイロンがあり、はるか前方はインド半島であった。

私の視野のなかに地球全体は入らなかったが、地球の球形はくっきりと浮かび、その輪郭は素晴らしい青光に照らしだされて、銀色の光に輝いていた。（中略）

どれほどの高度に達すると、このように展望できるのか、あとになってわかった。それは、驚いたことに、ほぼ千五百キロメートルの高さである。**この高度からみた地球の眺めは、私が今までにみた光景のなかで、もっとも美しいものであった**」

「アポロ計画」と「ユングのビジョン」の奇妙なリンク

ここで着目しておきたいのは、ユングが臨死体験中に「地球」を見下ろしたということだ。ちなみにアポロ計画が実施されたのは一九六一年から一九七二年にかけて。世界で初めて地球の姿を肉眼で見た、旧ソ連のガガーリンが有人宇宙飛行を成功させたのは、一九六一年のことである。

つまり、**人類が宇宙に行く、その十七年も前の一九四四年に、ユングはすでに宇宙からのビジョンを見ていた**のだ。興味深いことに、このときにユングが見た地球の光景は、アポロが撮った地球の写真と瓜二つだったという。

さらにユングは、この宇宙空間をただよう中で、ヒンドゥー教の礼拝堂に行き当たった。そこで、

「私はすべてが脱落していくのを感じた。私が目標としたもののすべて、希望したもの、思考したもののすべて、また地上に存在するすべてのものが、走馬灯《そうまとう》の絵のよう

に私から消え去り、離脱していった」

と語っている。

ユングは牧師の子として生まれたが、そもそも幼少期から霊的な、不可思議な体験をすることが多かったようだ。ユングが〝心理学者〟としての道を歩み始めるのも、この霊的な体験によるものが大きかったという。

「脳の停止」状態で見えたものは――
エリート脳外科医の告白

二〇一二年十月、アメリカで一冊の本が話題になり、瞬く間に全米で二百万部突破という大ベストセラーになった。その本の名は、『プルーフ・オブ・ヘブン』。

脳神経外科の世界的権威、エベン・アレグザンダー医師の著書だ。

彼は、医学雑誌に単独または連名で約百五十本、世界各国の医学会議などで二百を超える論文を発表。ハーバード・メディカル・スクールで十五年間准教授を務めるという、華々しい経歴を持つ医師だ。

そんな彼の著書の、何がここまで人々の心をつかんだのか――。

「私は科学に自分を捧げてきた」と語る彼が、なんと**自身の経験を元に「死後の世界はある」と言ってのけた**からだ。

これまで〝死後の世界〟は、科学的な見地からは**「〝脳のエラー〟が見せるもの」**と考えられてきた。脳神経外科を専門とするエベン医師のような人物は、そんな〝否定派〟の筆頭であったといえるだろう。

しかし突如、エベン医師は〝死後の世界〟の存在を肯定してのけたのだ。このセンセーショナルな発言と、自身の不思議な体験談をおさめた同書は、今なお版を重ね続けるベストセラーになり、日本でも翻訳出版されている。

エベン医師は、著書でどのようなことを語っているのだろうか。

〝激しい脳のダメージ〟から昏睡状態に

時は二〇〇八年十一月十日。エベン医師は五十四歳のとき、「細菌性髄膜炎《さいきんせいずいまくえん》」を発症し、昏睡状態に陥った。

髄膜とは、脳や脊髄を包む、人間にとって最も大切な器官だ。ここを攻撃されるとまず、脳がやられる。しかもエベン医師の髄膜を襲った菌は、凶悪な〝大腸菌〟だった。

「出張先の外国で感染したのではないか」と後日医師は語っているが、新生児に多い病気で、成人での発症例は一千万人に一人にも満たない、まれな病だったのだ。

そして、その患者の多くは発症後一週間以内に死亡する。当時のエベン医師の症状も、**致死率は九〇パーセントの状態にまで進行していた。**

脳脊髄液に膿《うみ》がたまっているきわめて危険な状態で、ここまでいくと激しい脳のダメージで、たとえ意識を取り戻せたとしても重度の障害が残る可能性が高かった。実際、発症前と同じ状態にまで回復するケースは、これまで一例たりとも報告されていなかった。

だが、奇跡が起きた。エベン医師は発症から七日後、発症前となんら変わらない状態にまで回復を遂げた。しかも昏睡状態にあった七日間、エベン医師は〝ある世界〟を見続けていたのだ。

エベン医師が見た「闇の世界」と「光の世界」

〝それ〟は「闇の世界」だった。ただし完全な真っ暗闇ではなく、**「泥を通してもの**

が見えるような暗がり」だった。

意識はあったが、記憶も自意識もなく、言葉や感情、論理もなかった。もちろん、肉体もなかった。重苦しい機械的な振動を感じながら、長かったのか、短かったのか、時間の感覚もないまま、エベン医師は〝そこ〟にいた。

〝そこ〟にいる状態が長くなってくると、次にグロテスクな生き物たちが吠えたり、顔を突き出し始めた。とりまく世界はどんどん気味の悪いものに変貌していく。


と、そのとき、**闇の上方から金色の光が差し込んできた。**すると闇は崩壊し、この世のものではない美しい旋律が聞こえてきた。光はどんどん迫ってくる。

その真ん中に隙間が開いた瞬間、エベン医師は猛スピードで上昇を始めた。そして到着した場所は、明るく美しく輝く別世界だった。


気付けば、〝楽園〟としか表現できないような美しい世界を、エベン医師は飛んでいた。

どれだけ飛び続けたか、**ふと、自分の隣を見知らぬ美しい女性が飛んでいることに**

気付いた。

二人は蝶や花、樹々など色彩に彩られた世界を飛び続けた。その間、女性はエベン医師に慈悲と愛にあふれたメッセージを告げた。

キラキラと輝く光、壮大で歓喜にあふれた音楽、さわやかで穏やかな風などをエベン医師は感じ、さらに〝神聖な存在〟とも対話をした。まるで母の子宮のように安心できるその場所を堪能していたが、エベン医師は再び、元にいた〝闇の世界〟に引き戻され、身も心も深い失望感に包まれた。

だがそのとき、エベン医師は病室で彼のために祈る妻らの存在に気付き、「帰らなければ」と思ったとたん、蘇生したというのである。

それは〝脳が見せた幻〟か、〝死後の世界〟か——

息を吹き返し、精神的にも肉体的にも回復したエベン医師が真っ先にとった行動は、昏睡状態にあったときの自分の脳のデータの確認だった。

エベン医師の昏睡の原因は、細菌性髄膜炎である。**脳の働きは完全にストップしていたはずだ**。それにもかかわらず、実際に、視覚的にも聴覚的にも鮮明な〝世界〟を見た。そのときの脳の動きがどうなっていたのか、何としてでも知りたかったのだ。

やはり、**昏睡状態にあった七日間、脳の大部分は麻痺していた。**

〝臨死体験〟という言葉は、エベン医師も職業柄、よく耳にしていた。しかし〝臨死体験〟を語る患者らのほとんどは、心停止状態であっても脳は生きていた。

そのためエベン医師は彼らから臨死体験の話を聞かされるたびに、〝脳が見せた幻〟だと、聞き流していた。

しかし自分は、その**脳の働きが止まっているにもかかわらず、目で耳で、〝その世**

界〟を体感してしまったのである。

臨死体験の原因として、よく知られているのが「エンドルフィン」という脳内分泌物質だ。これは痛みをやわらげる快楽物質で、死に直面する危機を感じた脳が、大量に分泌する。すると人は、〝幻〟を見るという。

しかし、エベン医師の場合、脳内で自身が体感したことを映像として処理する器官、大脳皮質も機能していなかった。これではそもそも、〝幻〟を見ることすらできるはずがない。

呼吸や体温調節など、脳の中で最も原始的な機能を司る脳幹で見たのでは？　と疑問を投げかける人もいる。しかし、彼が見た映像はあまりにも鮮明で洗練されていた。**ここまで複雑な〝像〟を作り上げることは、脳幹では不可能**だ。

実は、さらなる衝撃的なエピソードがある。

臨死体験をした多くの人は、「すでに亡くなっている肉親や知人に会った」と話すことが多いが、エベン医師が〝美しい世界〟で出会ったのは、見知らぬ美しい女性だった。その女性がいったい誰なのか、エベン医師は深く思い悩んでいたという。

実は、エベン医師は養子だった。

実の両親がエベン医師を出産したのは、彼らが高校生の頃のこと。新生児を育てるには二人とも若すぎた。周囲からの反対もあり、二人は我が子を泣く泣く児童養護施設へとあずけることにした。

赤子だったエベン医師を引き取ったのは、脳神経外科医の夫婦だった。エベン医師は何不自由なく、愛情を持って育てられたが、〝昏睡事件〟の四年前に、育ての親である義理の父は他界した。

しかし、昏睡中に登場したのは、義理の父親ではなくて謎の女性。

「彼女はいったい、誰だったのだろう」

そんなとき、エベン医師の元に一通の手紙が届く。〝昏睡事件〟の四カ月後のことだった。封筒を開けてみると、一枚の写真。

なんと**そこに写っていたのは、臨死体験中に出会った、あの美しい女性だった**のだ。

臨死中に出会った〝美しい女性〟の正体は――？

さかのぼること十三年前、エベン医師は「実の両親に会ってみたい」と、自分があずけられていた児童養護施設を通じて、両親に面会を打診していた。しかし、その答えはノー。

実の両親の間には、エベン医師を手放した後に、三人の子どもができていた。そして、エベン医師が面会を打診したちょうどそのとき、両親は三十六歳になる娘（エベン医師の妹）を亡くしていたのだ。面会を断ったのは、そのショックからだったという。

しかし、その七年後、エベン医師は再び「会ってほしい」と打診し、実に五十三年ぶりに実の両親と再会を果たしていた。

ところが、このとき実の両親は〝妹の死〟をふせていたため、エベン医師は亡くなった妹の生死はもちろん、顔もまったく知らなかった。

だからこそエベン医師は、彼の回復を知った実の両親が送ってきてくれた、亡き妹の写真を見て驚愕したのだ。まさか**あのとき会ったのは、〝亡くなった妹〟**だったとは……。

これこそ、〝死後の世界〟が存在する証拠であり、奇跡としか説明しようがないのである。

エベン医師は、その後、脳神経外科医として、自らにさまざまな反証を投げかけ、これまでに出版された臨死体験にまつわる書物を読み込んだ。その結果、〝科学では説明ができない世界がある〟という結論への確信を深めた。

先にも書いたが、エベン医師が臨死体験を認めてこなかったのは、臨死体験が「心停止＝脳は生きている状態で起こる」とされてきたからだ。たとえ心臓が停止したとしても、脳が動いているのなら〝幻〟が見えても不思議はない。

しかし……脳の専門家である自身が「脳が明らかに停止している」とはっきり認められた状態で「見えた」のである。これほど〝確固たる〟サンプルはないだろう。

エベン医師の著書は、二〇一三年十一月二十八日に放送されたフジテレビの番組

「奇跡体験！　アンビリバボー」でも紹介された。

この番組中でエベン医師は、希代の天才科学者ニコラ・テスラが臨死体験を含む未知の現象に対して残した「科学が非物質的な現象の解明に挑んだならば、十年間で今までの人類の歴史すべてをはるかに凌駕《りょうが》する進歩を遂げるだろう」という言葉を大切にしていると語った。

そして、こう話している。

「私たち人類はテスラのいう十年間をスタートさせようとしているのです」

もしかしたら彼は、この十年をスタートさせるために神に選ばれた、特別な存在なのかもしれない……。

コラム

〝目に見えない世界〟に目覚める宇宙飛行士たち

「臨死体験をすることで、神の存在を信じるようになった」「死が怖くなくなった」「あの世があることを実感した」という人は多い。

超常的な空間を経験することで生まれる感情なのだろうが、宇宙飛行士もまた、これと同様の感情を抱くことがあるようだ。といっても、〝臨死体験〟ではなく、〝宇宙に行くこと〟によってだ。

「宇宙体験の結果、無神論者になったという人間は一人もいない」

とは、宇宙飛行士エド・ギブソンの言葉だが、彼自身、**「宇宙体験は私の信仰を一層強めてくれた」**と語る。

エド・ギブソンは、一九七〇年代に作られた、アメリカ初の宇宙ステーション「スカイラブ」に向かう有人ロケット「スカイラブ四号」の乗組員だ。ノンフィクション作家の立花隆氏による『宇宙からの帰還』（中央公論新社刊）に、エド・ギブソンのこの言葉を始め、宇宙が彼らに与えた精神面への影響が詳細にまとめられている。

筆者が最も興味を持ったのは、一九七一年、アポロ十五号で月面着陸を果たしたジム・アーウィン大佐だ。**彼は月面着陸の際、「神の存在を確信した」として、NASAをやめ、宣教師になった**ことでも有名だ。

アーウィンはもともとクリスチャンではあったが、月面で〝神がすぐそばにいる〟ことを実感して以降、さらにキリスト教の教えにのめりこんだのだという。

そのため、地上に戻ると、一度受けた洗礼をもう一度受け直し、神の伝道師になる道を選んだ。それはアポロ十六号で同様に月面着陸を果たしたチャールズ・デュークも同様だ。

一方、熱心なクリスチャンでありながら心を病んでしまった宇宙飛行士もいる。

一九六九年、アーム・ストロング船長とともにアポロ十一号で月面をめざし、人類で二番目に月面に足跡をつけたエドウィン・オルドリンだ。

彼は月面で最後の晩餐を模した「聖餐式《せいさんしき》」を行なうほどのクリスチャンだったが、地上に戻ると、強烈なプレッシャーからか精神に異常をきたしてしまう。現在は薬物治療を受けながら、映画やテレビ番組など、多くのメディアに出演しているが、〝月面で何が起きたか〟はあまり語りたがらない。

こんなエピソードもある。一九七一年のアポロ十四号の乗組員、エドガー・ミッチェルは、こう語っている。立花氏の『宇宙からの帰還』の中から引用しよう。
「すべては一体である。一体である全体は、完璧であり、秩序づけられており、調和しており、愛に満ちている。この全体の中で、人間は神と一体だ。自分は神と一体だ。自分は神の目論見に参与している。宇宙は創造的進化の過程にある。この一瞬一瞬が宇宙の新しい創造なのだ。進化は創造の継続である。神の思惟《しい》が、そのプロセスを動かしていく。人間の意識はその神の思惟の一部としてある。その意味において、人間の一瞬一瞬の意識の動きが、宇宙を創造しつつあるといえる」

そんな彼は、なんと**地上と宇宙船との間で、カードを用いたテレパシーの実験**を行なった。その結果、合致する確率が地上だと約二〇パーセントなのに対し、宇宙空間では五〇パーセントと、飛躍的にアップしたという。

ミッチェルは、**宇宙空間におけるテレパシー能力の増幅を感じたそうで、言葉でやりとりをしなくても、一瞬のうちに回答が得られた**とも語っている。そしてなんと、NASAを辞めた後、サンフランシスコで超能力研究所を設立。その所長に就任してしまった。

宇宙空間は謎に満ちている。

宇宙飛行士には、体力、知力、精神力ともに疑いようもなく、地上で最も優秀な人物たちが選出される。そんな彼らが見た〝神を実感した世界〟とは、どのようなものだったのだろうか。

4章

〝生まれ変わり〟は、確かにある

——「輪廻転生」としか思えない、奇跡の数々

世界各地から、報告続々！「前世」を記憶する人々

転生とは、「生まれ変わり」のことである。

これを信じるのであれば、過去から現在、そして未来へと永劫に生まれ変わりを繰り返していく魂にとっては、死でさえも〝一時的な休息〟にすぎない。

1章で述べた仏教の教え通り、〝あの世〟に行った後、六道のいずれかの世界に転生先として向かうシステムがあるとするのなら、私たちにも一様に「前世」があることになる。そしてまた「来世の人生」も、である。

「前世を記憶している」と語った人々の、不思議な話は数えきれないほど残されている。中でもよく知られているのが、小谷田《こやた》勝五郎《かつごろう》の逸話だろう。

江戸時代に現われた「前世を語る少年」

江戸時代の「中野村」(現在の八王子市東中野)に、前世を語る少年が現われた。百姓「源蔵《げんぞう》」の息子「小谷田勝五郎」だ。

一八二二(文政五)年、八歳になったとき、勝五郎はおばあさんに摩訶不思議なことを語って聞かせた。

「自分の前世の名前は藤蔵《とうぞう》で、中野村から六キロほど離れた場所にある、程久保村《ほどくぼむら》に住んでいた。父親の名前は久兵衛、母親の名前はお志津。父親は、自分が生まれた直後に亡くなった。前世の自分は五歳で死に、それから、今の母のお腹の中に入って転生したのだ」

勝五郎はこうした前世の記憶を、とうとうと話した。

以後、勝五郎は程久保村のことだけでなく、死後の世界についてもこと細かに語るようになる。

「息が絶えるときは苦しくはなかったが、その後しばらくは苦しかった。棺桶の中に押し込まれるとき、俺は飛び出て棺桶のそばにいた。山へ葬りに行くときは、白い布で覆った甕《かめ》の上に乗って行った。

そうしていると、**白髪を長く垂らして黒い服を着たおじいさんが、「こっちへこい」というので、ついていった。**どこだか知らないが、だんだん高い所へ行き、きれいな草原に出てそこで遊んだ。

そのうちに、家で親たちが話している声が聞こえ、お坊さんのお経の声も聞こえてきた。供え物をあげてくれるのもわかった。食うことはできなかったが、温かい供え物が匂って、甘く感じた。

それから、そのおじいさんが、俺をある家の前に連れて行き『この家の子として生まれよ』と言った。それで家の中の様子をうかがって、母の腹の中へ入って行った。どのようにして入ったかは覚えていない」

そのうちに勝五郎は、「程久保村に行きたい」と、毎晩泣き叫ぶようになった。あまりにもそれが続くので、おばあさんが程久保村に連れて行ってやったところ、村に

東京都日野市の高幡不動尊には、勝五郎の前世・藤蔵の墓がある

入った勝五郎はどんどん先に歩いて行き、ある家の前までくると「ここだ」と言って駆け込んだ。

おばあさんが事の次第を話すと、**その家には勝五郎の前世の母親であった「志津」が存命していた。**

さらに勝五郎は、向かいの煙草屋の屋根を指し、「前にはあの屋根はなかった。あの木もなかった」などと言ったが、まさにその通りだったという。

この「勝五郎の転生事件」だが、江戸時代の国学者・平田《ひらた》篤胤《あつたね》が、直接本人や家族から取材して書き残している。

勝五郎の前世である藤蔵は一八一〇（文

化七）年二月四日に死亡していたので、一八一四（文化十一）年生まれの**勝五郎として転生するまでの四年の間、死後の世界で過ごした**ことになる。

ちなみに勝五郎は一八六九（明治二）年十二月四日に死亡しており、この二人（魂レベルでは同一人物なので、一人というべきか）の墓は現在でも存在している。

「生まれ変わり」を証明する〝刻印〟とは

勝五郎のように、〝転生の記憶〟を持つ人々は少なくない。しかも、中には〝生まれ変わり〟の予言をし、その証拠となる〝刻印〟を持って生まれてくるものもいる。

一九四五年、アラスカの原住民トリンギットの老漁師、ヴィクター・ヴィンセントは、姪に向かって、**「わしは死んだらおまえの息子として生まれ変わってくる」**と告げた。

そして姪に鼻の右側と背中にある手術痕を見せ、「今度生まれてくる子は、この二つの手術痕と同じ場所にアザを持っている。それが生まれ変わりの証拠だ」と告げ、翌一九四六年に亡くなった。

それから一年八カ月後、姪は男の子を出産するのだが、なんとその赤子の体には二つのアザがあった。それは**ヴィクターの告げた場所と寸分違わない位置にあった。**

そればかりではない。その赤子はヴィクターとして生きていた頃の記憶をそのまま語ったばかりか、六歳になるまでに、船のエンジンの操作や修理の技術を完璧に独習していたという。

他にも、インドには「前世でぼくは、首を撃たれて殺された」と話すヤシュビールという名の少年がいた。

ヤシュビールが生まれたのは一九八七年。彼の前世はドゥルガという名の青年で、一九八五年に激しい口論の末、銃で首を撃ち抜かれたと話す。

そしてヤシュビール少年は〝自分〟がいつ、どこで、誰に、どのようにして殺されたかを詳細に語ってみせた。そこで調査が行なわれたところ、実際にドゥルガという青年が殺された事件があり、ヤシュビールが語った内容は、どれも事実と相違なかった。

さらに少年の首にはアザがあるのだが、殺されたドゥルガの傷跡と場所も大きさも完全に一致していた。

こうした例は枚挙に暇がない。

一九七六年九月二十七日、ビルマ（現ミャンマー）で生まれたマ・チョエ・ニン・テトという少女は、その一年一カ月前に心臓の手術の最中に死亡したマ・ライ・ライ・ワイの生まれ変わりだといわれている。

というのも、生まれてきたマ・チョエ・ニン・テトの首筋に奇妙な形のアザがあったのだ。これはなんと、マ・ライ・ライ・ワイの埋葬を手伝った同級生たちが、〝もし彼女が生まれ変わってもわかるように〟と、**遺体の首筋に口紅でつけた印**とまったく同じ形をしていたという。

さらに、マ・チョエ・ニン・テトの胸部から腹部にかけては垂直に細長いアザが走っていた。これもマ・ライ・ライ・ワイの心臓手術の跡とそっくり同じだったというのだ。

ちなみに、マ・チョエ・ニン・テトを出産したのは、マ・ライ・ライ・ワイの姉である。マ・チョエ・ニン・テトは、そんな自分の母親を〝姉さん〟、祖母にあたる女性を〝母さん〟と呼ぼうともした。もちろん、誰からもマ・ライ・ライ・ワイのことを聞かされていなかったにもかかわらずだ。

ひょっとしたら、このような出来事は頻繁に起こっているのかもしれない。ただ、私たちが記憶をなくしているだけで……。

イギリスで〝有名女優の生まれ変わり〟の赤ん坊が発見された？

霊的経験を数多くした人物として、作家のマーク・トウェインはよく知られる。彼はなんと、自分の前世を夢で何度も見たことがあるのだという。

彼はあるときはインド、あるときはイギリス、ギリシア、アメリカ、エジプトなどで生きていた頃の記憶を持ち合わせていた。

たとえば、古代エジプトで生きていたときには「文字を簡略化したつづり方が大流行した」と話しているし、古代ギリシアで生きていた頃は、

「アテネにいた。私は草の茂った丘をのぼり、宮殿のような大邸宅に向かっていた。その屋敷は赤い素焼きのテラコッタでできており、ポルチコという広い柱廊《ちゆうろう》玄関があ

った」と語っている。また、この前世では、古代ギリシアの大哲学者ソクラテスにも出会ったという。

驚愕！ 母体から生まれ出た瞬間に「私よ、ルーシーよ！」

一方、自分を「有名人の生まれ変わりだ」と主張するケースもある。

精神障害の症例のひとつとして、このような話はしばしば聞かれるが、なんと主張をしたのは生後二カ月の乳児だったという。詳細に記載するのは、イギリスの新聞『ザ・サン』（一九九〇年一月二十三日付）だ。

『ザ・サン』によると、その**乳児は自分を、亡きアメリカの女優「ルシル・ボールの生まれ変わりだ」と、主張した**という。

この乳児が生まれたときの第一声が実に衝撃的だ。出産に立ち会ったウォリン・ホートン博士によると、

「母親のお腹から赤い髪をした頭が出たとたん、大きく見開いた目で私を見ながら『リッキー、番組に出たいよ！』と言いました。茫然自失した私や看護婦が言葉を失って見つめていると、『どうして私を見つめているのよ。私よ、ルーシーよ！』と叫んだのです」

生みの親である母親は、ショックのあまりそのまま失神。医師が介抱していると、その子は無視されたと思ったのか、怒って泣き出したという。

それから二カ月、**この赤毛の赤ちゃんは今では「アイ・ラブ・ルーシー」のルーシー役を演じては、人を笑わせている**と同紙は報じている。

「アイ・ラブ・ルーシー」は、ルシル・ボールが主役を務めた一九六〇年代始めのアメリカの人気テレビ番組だ。ルーシーがジョークを連発するコミックショーで、日本でも「ルーシー・ショー」というタイトルで一九六三年から放映され、人気を博した。近年でも二〇〇七年から二〇〇八年にかけて、ＴＢＳ系列で再放送されたほどで、見たことがある読者もいるだろう。

それにしても、誕生したばかりの乳児が言葉を話し、しかもルシル・ボールの生まれ変わりであると主張するなどということが本当にありえるのだろうか。

世界的に著名な心霊現象研究家のチャールズ・フレッチャー博士は、調査の末、こう断言する。

「ルシル・ボールの霊がこの赤ちゃんに宿っている、と確信している。テレビ番組のセリフだけでなく、ルシル・ボール本人にしかわからないはずの出来事についても話しているからだ」

読者諸氏は、どう受け止められるだろうか。

チベット仏教の活仏――
ダライ・ラマ法王の「転生の秘密」

世界各地で報告されている生まれ変わりの事例の中でも、最も有名なのがチベットにおける宗教・政治の最高指導者である**ダライ・ラマ法王**だろう。

チベット仏教では、すべての生きとし生けるものは輪廻転生すると考えられている。これは1章で述べた通り、人は行ないの良し悪しによって、六道のいずれかの世界に生まれ変わる、というものだ。

さらに――悟りを開いた一部の菩薩は、次の世も人間に生まれ変わり、すべての生きとし生けるもののために働き続けると考えられている。

そして、**ダライ・ラマ法王こそは観音菩薩の化身であり、永遠に人間に生まれ変わ**

り、チベットの人々を救済に導くと信じられているのだ。

そのため、ダライ・ラマ法王の地位は世襲制で受け継がれているわけでも、選挙で選ばれるわけでもない。**先代が亡くなると、高僧たちによって、その〝生まれ変わりの子ども〟が探し出される**のだ。

具体的には——次のダライ・ラマが生まれる地方を、高僧が予言する。そしてその場所に行き、予言に合致する子どもを候補者として選ぶと、本物の生まれ変わりかどうかを調べる、いくつかの〝調査〟が行なわれるのだ。

そのような手順を経て、「転生者」であると無事認められた子どもは、先代のすべての地位や財産を継ぐことができる。

そして現在のダライ・ラマ法王は十四世なので、ダライ・ラマ法王の魂は、これまで十三回にわたって、生まれ変わりを繰り返してきたということになる！　まさに**〝活仏《かつぶつ》〟**というべき、神秘的な存在なのだ。

高僧たちによって先代法王の〝転生者〟が発見されるまで

現在のダライ・ラマ十四世を例に、その〝生まれ変わり〟が認定されるまでのあらましを紹介しよう。

一九三三年、**ダライ・ラマ十三世が亡くなると、摂政や高僧、高官たちによる転生者探しが始まった。**対象となるのは、十三世の死後に生まれたチベット全域の子どもたちである。だが、探すといってもチベットは広大だ。

そこで彼らは手がかりを求めて、まずは祈禱と瞑想によって幻視を得る。幻視から出生地のイメージなど、特定する多くの〝しるし〟を求めるのだ。十四世の場合もさまざまな〝しるし〟が得られた。

まず、首都ラサの東北の空に奇妙な形の雲が出現した。次に、突然、十三世の遺体を安置した聖堂の東北側の柱に、星の形をした大きなキノコが現われた。

そして、その聖堂内の南に面して安置されていたはずの十三世の遺体の頭が、数日後には東に向きを変えられた。これら常ならぬ〝しるし〟によって、高僧たちが十四

13回の転生を遂げたというダライ・ラマ14世

世を探すべき方向が暗示されたのである。

　さらに、一九三五年の春、チベットの摂政で高僧でもあるレティン・リンポチェ（チベットでは高僧を〝リンポチェ〟という）が、ラサの南にある聖なるラモイ・ラツォ湖へと向かった。レティン・リンポチェは、この湖を見つめながら瞑想をしていたとき、未来の光景を視《み》た。

　まず、透き通った水に三つの文字が浮かび上がった。チベットのアルファベットで「Ah」と「Ka」と「Ma」である。次に、翡翠《ひすい》のような緑色と金色に輝く屋根のある三階建ての僧院がはっきりと視えた。

　僧院から続く小道を通って丘を下ると、

トルコ石のように青い瓦で屋根をふいた家がある。家の中庭には、茶色と白のぶちの犬がいた。

その後、レティン・リンポチェは、このビジョンの中で視たのと同じ、見慣れぬ形の屋根どいを持つ青い屋根の家の夢を見た。ただし今度は、犬の代わりに裏庭に立つ幼い少年を視た。

彼はラモイ・ラツォ湖で視たビジョンの中の「Ah」という文字は、チベット東部の都市アムドゥと関連しており、少年はそこにいると確信した。さっそく、高僧たちで成る捜索隊がその地域へと派遣された。

「十三世の遺品」に、強く反応を示した子ども

捜索隊を率いたのはケゥツァン・リンポチェという高僧であった。そして、アムドゥに向かった彼らは、**そこでまさしくレティン・リンポチェの幻視に現われたものと同様の、緑色と金色にきらめく屋根を持つ寺院を発見した**のである。

捜索隊は、転生の〝しるし〟を持つ子どもを見つけるべく、アムドゥ一帯を徹底的に調べた。そして、ついにアムドゥから徒歩で二日も離れたタクツェル村にいる幼児の噂に行き当たった。

幼児の名前はラモ・トゥンドゥプ。一九三五年七月六日に生まれた彼は農家の九人目の子どもで、当時まだ二歳だった。

一九三七年の冬、ケゥツァン・リンポチェは政府高官のロサン・ツェワンおよび二人の付き添いをともない、旅の商人に変装して、タクツェル村に向かった。村に入った一行は、件《くだん》のラモ・トゥンドゥプの家に近づいた。すると、レティン・リンポチェが視たビジョンの通り、犬がいた。

「旅の交易商なのだが、お茶を入れたいので台所を使わせてほしい」

と頼んだ彼らは、家の中に青い瓦ぶきの屋根と、見慣れぬ形の屋根どいも確認した。台所に入ると、二歳の幼児ラモは彼らに近づき、ケゥツァン・リンポチェの膝によじのぼると、彼の首にかかっていた数珠の玉をいじり始めた。

数珠はダライ・ラマ十三世の遺品だった。と、ラモは突然興奮し始め、

「その数珠をぼくによこして！　これはぼくのものだ！」

と叫んだのだ。ケゥツァン・リンポチェは落ち着いて答えた。

「私が誰だかわかれば、これをさしあげましょう」

幼児はこともなげに答えた。

「あなたはセラのラマ僧だ」

ラモは、チベットには何千もの僧院があるにもかかわらず、一行がセラ僧院からやってきたということを言い当て、中央チベットの方言で、一行全員の名前を告げた。これはアムドゥ地方ではまったく知られていない言葉だった。


翌朝、一行が出発の準備をしていると、ラモは涙にくれ、自分も一緒に連れて行ってほしいと懇願した。

この時点ですでに、ラモがダライ・ラマであることは確定しているように思うが、それだけではまだ転生者としては認められない。ラモ・トゥンドゥプとダライ・ラマ十三世のホロスコープ（占星術で個人を占うための天体の配置図）を確認する必要があった。そして、二人のホロスコープは一致した。

生まれ変わりを確認する〝審査〟とは？

そのうえで、少年が三歳になるのを待ち、さらなる〝テスト〟が行なわれることになった。

まず、テーブルの上にいくつかの論文が並べられた。この中にひとつだけダライ・ラマ十三世自身が書いた物がある。また、十三世の愛用品である眼鏡、銀色の鉛筆、茶碗、黒い数珠、二本の杖、祈禱の際に使う小さな象牙の太鼓も、ほかのダミーとともに置かれた。

要するに、**本物のダライ・ラマなら、どれが自分の愛用品かわかるはず**だ、というわけだ。中には〝本物〟以上にきらびやかで、子ども心をくすぐる魅力的なものも用意されたが、**ラモはすべて正しい物を選んだ**。

一行はさらに、幼児の体にダライ・ラマの〝しるし〟がないか探した。彼らはラモを優しく検査しながら涙にくれた。彼こそチベットの新たな指導者ダライ・ラマ十四世にほかならないと、確信したからだ。

ちなみに、レティン・リンポチェの視たビジョンの中のあるアルファベットは、ラモの家の近くにある僧院の象徴だったという。

そして、数々の宗教儀礼を経て、一九四〇年、ラモ・トゥンドゥプはダライ・ラマ十四世として即位した。これが現在のダライ・ラマにまつわる転生の話である。ラモ・トゥンドゥプがラサの宮殿に入ったときのことである。ラモは小さな箱を指さして、付き添いの人々にこう告げたという。

「ぼくの歯が、そこに入っている!」

箱を開けてみて、人々は驚いた。なんとそこには、十三世の義歯が納められていたのだ。

このダライ・ラマの事例こそ、生まれ変わりの最たる例といえるだろう。

チベットでは、転生者のことをトゥルクと呼ぶが、トゥルクは自分の意思で生まれ変わることができるという。

このことからもわかる。人は亡くなっても、魂が消滅することはけっしてないのだ。

なぜ、人は「前世の記憶」を忘れてしまうのか？

こうした「前世」の存在について我々が思いをはせるとき、必ず疑問となってくるのが、

「なぜ、前世の記憶を持つ人と、持たない人がいるのか？　本当に前世というものがあるのならば、誰しもがそれを記憶して生まれてくるはずではないのか？」

ということだろう。

この疑問へのひとつの回答を示すものとして、二〇一一年に公開された、一作の映画を紹介しよう。題名は『スープ』。

これは、作家の森田健氏が、**中国の奥地に実在する「生まれ変わりの村」**を十五年

以上にわたって取材し続けた集大成をまとめた作品だ。

映画の中には、さまざまな「生まれ変わり」の実例が出てくるのだが、驚くことにそのすべてがノンフィクションなのだという。映画のベースになったのは、森田氏の著書『生まれ変わりの村』（河出書房新社刊）なのだが、この本の内容がとにかく興味深い。

もともと森田氏は、「生まれ変わりの村」の存在を知っていたわけではない。きっかけは、一九九六年、森田氏が中国の新聞に出した「特異能力者募集」という内容の小さな広告だったという。その広告を見た一人の人物に、こう誘われた。

「私のふるさとの近くに、生まれ変わりの記憶を持った人がたくさんいます。行ってみますか？」

そして連れられて行ったのが、標高二〇〇〇メートルもの地にある〝秘境〟だった。

飲むと〝前世の記憶〟が消える不思議なスープ

そこで森田氏は、村人たちから数々の前世にまつわる話を聞くのだが、興味深いのは、映画のタイトルにもある「スープ」にまつわるエピソードだ。

取材を始めてから一年、五人目の人にインタビューをしていたとき、森田氏は次のような証言を聞かされたのだという。


「死んでから三年ほど経ったある日、再び生まれ出る寸前に、あの世で、橋のたもとにおばあさんがスープを持って立っているのが見えました。

そこにはたくさんの行列ができていました。馬や牛やロバなど、動物になる行列も人間とは別にできていました。私はおばあさんの差し出すスープは飲まず、そこを逃げ出しました。これがあの『伝説のスープ』だと思ったからです」


実は、この村には死後の世界について、こんな言い伝えがあるのだそうだ。

「死後の世界では、川に掛かる橋のたもとで、老婆がコトコトとスープを煮ている。

これは死者に配るための物で、飲むと前世（生前）の記憶をなくしてしまう。

しかし、スープを飲まなければ、前世の記憶を消さないですむ」

この言い伝えを知らない人々は、のどの渇きを癒そうと、我先にとスープに手をつ

け、前世の記憶をなくしてしまう。

ところが、〝前世のことを覚えていたい〟と考える村の人々は、かたくなにスープに手をつけず、前世の記憶を持ったまま生まれ変わったというのだ。

ちなみに森田氏によると、スープの容器の大きさは、片手にすっぽりとおさまる程度で、円錐形をしているのだそうだ。

中国では死んでからすぐに〝スープ飲み場〟に遭遇するが、日本だと生まれ変わる直前にスープを手渡されるらしい。

このスープを拒否することによって、知識や手先の技術、クリエイティブな才能は持ち越すことができるが、なぜか身体能力だけは、持ち越せないという。

また、生まれ変わるスパンは一番長い人で十五年、短い人でほんの二～三分なのだそうだ。

あの〝超・有名画家〟の生まれ変わりが現代にいる!?

生まれ変わりを主張する人物の中には、「自分はアメリカ人で、外国語を習ったことはないのに、前世がイタリア人だったので流暢《りゅうちょう》にイタリア語を話せる」という者もいる。

この主張も、森田氏の「スープ説」を信じると、なるほど前世の能力を残しているのだろうと納得がいく。

こうした〝前世からの能力の持ち越し〟によるものとしか思えない生まれ変わりの典型例がある。それがイギリス人の**キーロン・ウィリアムソン**君だ。

二〇〇八年、当時五歳だったキーロン君は、家族旅行で見た海に感動したことをきっかけに、誰に指示されるでもなく、自主的に絵を描き始めた。

その翌年、わずか六歳にして初の展示会を開いたが、そこで展示された彼の絵は、とても子どもの手によるものとは思えない画力にあふれた作品であった。特にその絵のタッチや色彩感覚は、かの印象派絵画の巨匠、クロード・モネのそれに酷似しており、観る者を驚愕させた。

彼の絵の評判はまたたく間に世界中に広がり、**「光の画家・モネの生まれ変わり」「ミニ・モネ（小さなモネ）」と称される**ようになった。

キーロン君はその後、九歳になった一年間だけで三十三点もの作品を制作し、総額十五万ポンド（約千八百五十万円）で売却している。

ウィリアムソン君本人にしてみれば「自分の実力だ」と憤慨するかもしれないが、森田氏の主張を思い出すと、〝やはりそうか〟と確信せざるを得ないのだ。

ちなみに転生確信者の一人、古代ギリシアの哲学者プラトンもこう言っている。

「簡単に得られる知識というのは、それが前世ですでに自分のものになっていたから、すらすらと入ってくるのだ」

と。

子どもたちが語る〝生まれてくる前の記憶〟

「突然、子どもが生まれる前の記憶を話しだす……」という摩訶不思議な報告は数多い。子どもが前世について話すのはおおむね、自分の思いが伝えられるようになる二歳から、自分のことよりも外のことに興味を持ち出す五歳にかけてが多いようだ。

筆者の知人である、某雑誌編集者のA子さんの娘も、その一人。

その日、A子さんは三歳になる娘のB美を連れてショッピングセンターで買い物をしていた。お昼どきになり、その日は夫が出張で不在にしていたこともあり、ショッピングセンターのフードコートで昼食をとることにした。

そこで昼食のメニューを選んでいたときのことだ。B美が突然、

「うわあ、懐かしい」

と言ったのだ。

実は、A子さんは数年前、当時五歳の長女を病気で亡くしていた。その長女をよく連れてきていたのが、このショッピングセンターのフードコートだった。それまでは、思い出が強すぎて立ち寄ることを避けていたのだが、初めて連れてきたはずの次女となる三歳のB美が〝懐かしい〟と言ったことに、A子さんは驚いた。

「なぜ、そんなことを言うの？」

と聞くと、

「急に思い出したの」

と答えた。そしてB美は、

「私が病気になって、来られなくなってごめんね」

と話すと、亡くなった長女がいつも食べていたアイスクリームを食べたがったのだそうだ。

はたして、亡くなった長女がB美として生まれ変わったということなのか、それとも亡くなった長女の霊がそう話させたのだろうか。それはわからない。

ちなみにこの発言以降、B美に〝亡くなった長女〟のことをいろいろと聞いてみても、「わからなくなった」と、答えてくれなくなったのだそうだ。

おそらく、成長して〝自分の生〟に対する自覚ができてくると、〝前の生〟に関する記憶は必要がなくなるため、薄れていってしまうのではないだろうか。

「ママを選んで、生まれてきたよ」

イアン・スティーヴンソン博士編『前世を記憶する20人の子供』(今村光一訳・叢文社刊)に、その答えが記されている。

当時、スティーヴンソン博士はヴァージニア大学医学部精神科の教授をしていた。博士は転生の科学的研究の第一人者で、博士を中心とするヴァージニア大学の超心理学研究所(現・人格研究室)のチームは、過去二十余年にわたって数千におよぶ世界各地の転生例を調査・研究していた。

チームが対象にするのは主に、自発的に前世記憶を話す幼少児だ。

幼少児はまだ余計な情報に触れておらず、前世の記憶を語る際に作為が働く余地が少なく、より純粋なデータが得られるからだ。

そのようにして疑わしいケースを除いてなお、転生と認めざるをえないケースが二千例以上もある、と報告している。そう〝輪廻転生は実際にある〟としか、言いようがないというのだ。


さらに、子どもたちが語る「前世から現世へ至るまでの記憶」が、転生を裏付けるきわめて有力な証拠になる、ともいう。

最も多くの子どもたちが語るという、そのエピソードはこんなものだ。

「昔のことは覚えていないけど、ふわふわしたところから、ママとパパをずっと見ていたのよ」

「やさしそうだから、ママのところに行きたいなと思ったの」

「そしたら、気が付いたらママのお腹の中にいたの」

「ママ、この話を覚えておいてね。私、もうすぐ忘れちゃうからね」

もしかすると私たちは誰しも、忘れてしまっただけで、幼い頃には前世の記憶を有していたのかもしれない……。

5章

「因果」は本当にめぐるのか

――「前世」の生き方は「今世」にどこまで影響している？

「前世の記憶」をさかのぼる法

多くの大人は「前世のことを覚えていますか」と聞かれても、「何の話？」と失笑するだろう。しかし、実はこの**「前世の記憶」は、すべての人の無意識下に眠っているというデータがある。**

「退行催眠」という手法がある。

これは、心理学や精神医学の分野で用いられる手法で、催眠術をかけて誘導していくことにより、被験者の無意識下に眠っている〝過去の記憶〟を明らかにしていくというものだ。

その結果、本人も意識しない、また通常では知りようのない事実が判明するのだという。

わかりやすい例で説明しよう。

犬が嫌いな女性がいた。彼女はなぜか子どもの頃から犬が苦手で、見ただけで体がこわばってしまう。まずは小さい犬で馴れてみようと、頭をなでようとするのだが、それでも怖くて震えてしまう。

そこで退行催眠をした結果、彼女が赤ちゃんの頃、犬に襲われそうになっていたことがわかった。実際は何ごともなかったのだが、恐怖心だけが彼女に植えつけられたのだろう。そんな事実がわかると、女性は犬を怖がることがなくなったのだという。

つまり、犬を怖がる原因が、赤ちゃんの頃の記憶にあったと認識することで、恐怖心を克服できたのだ。

そして――この退行催眠は幼少の頃の記憶にとどまらず、さらに先の、**前世の記憶にまでさかのぼることができる**のだ。

〝催眠療法〟で前世の記憶がよみがえる!?

舞台は一九五二年のアメリカ、コロラド州プエブロ市。前世の記憶にさかのぼったのはバージニア・タイという女性だ。

バージニアは催眠カウンセラーのモーリー・バーンスタインによる催眠治療を受けていたのだが、突如、突拍子もない発言をしたのだという。

「私はアイルランド人。名前はブライディ・マーフィーよ」

バージニアの内部に現われた新しい人格・ブライディは、さらに自身の生涯の詳細をアイルランドなまりの英語ではっきりと話したのである。

彼女の語るところによれば、彼女は前世では一七九八年にアイルランドのコーク郡で父・ダンカンと母・キャサリンの娘として生まれ、ブライアン・マッカーシーなる男性と結婚。一八六四年にベルファーストで死亡したという。

事実関係を確かめるべく、すぐに追跡調査が行なわれた。すでに戸籍関係の書類は廃棄されており、データの信憑性は確認できなかったが、調査の結果、バージニアの発言は、けっして出まかせではなかったことも判明した。

彼女は退行催眠中に「ケイドンハウス」「ジョン・カリガンズ」「ファーズ」という三つの商店名をあげたが、**コーク郡には当時、確かにそうした名の商店があったこと**がわかったのだ。

さらに、村の行事、流行した歌やダンス、貨幣、家具、キッチン用品……など彼女が語るすべてのことが、十九世紀前半のアイルランドのそれと、完璧に符合していることも確認されたのである。

「前世療法」で難病が次々と快癒する衝撃

前項で述べた「退行催眠」で前世にまでさかのぼることで、今の人生における悩みや課題を解決しよう、という目的で行なわれるのが**「前世療法」**だ。

そして驚くべきことに、この前世療法の結果、回復困難と診断された難病が、快癒に導かれたという驚愕のケースが、いくつもあるのだ。

アメリカの臨床心理学者で催眠療法家でもあるエディス・フィオーレ博士が手がけた事例を紹介しよう。

被験者の中年女性は、骨髄ガンの手術を十二回も受けたが、ガンを克服することができず、最後の望みを、当時話題になっていた〝前世療法〟に託した。

フィオーレ博士による退行催眠で明らかになった**彼女の前世は——時代も場所も不明ではあるが、宗教儀式で人身《ひとみ》御供《ごくう》を捧げる際に、犠牲者の血を飲む司祭だった。**

彼女は〝血を飲む〟という行為に激しい嫌悪感を抱きながらも、拒否すると自分が殺されるため、やむなくその任務を果たしていた。

「前世の影響を受けなくていい」——暗示でガン細胞が消滅！

この前世の体験が、病気の原因ではないかと考えたフィオーレ博士は、催眠状態の彼女に、

「もうこれ以上、前世の影響を受ける必要

はありません」

と、暗示をかけた。すると、その直後に検査を受けたところ、なんと驚くべきことに、**彼女のガン細胞は完全に消滅していた**のだそうだ。

周知の通り、骨髄は血液を作る器官である。この脅威の治癒例は、彼女の骨髄ガンの根源が、〝前世で血を飲む司祭であった〟こととの関連を示唆するものだ、と博士は指摘する。

ほかにも、こうした臨床例は無数にある。フィオーレ博士は、**転生説を信じないかぎり、前世療法がなぜ有効か説明ができない**のだという。そして、「前世のある出来事を思い出すことで、その人の病気がすぐに、しかも永久的に治るとしたら、その出来事が本当に起こったと考えるほうが論理的だ」と語る。

不倫の恋――〝悩みの根源〟も前世にある!?

この前世療法で、「どうしようもない悩みの根源が、実は前世にあった」ことがわかる場合があるという。

B子さんは、年上の既婚男性との不倫の恋に悩んでいた。

しかし、男性が自分のために離婚をしてくれることはありえず、かといって関係を続けるのも苦しく、何度も別れようとしたのだが、互いの状況や情が邪魔をして別れられない。そこで、やむにやまれず〝前世療法〟を体験したのだそうだ。

すると、相手の男性は、彼女が前世で江戸時代に生きていた際、貧しさが原因で生き別れた兄だったということがわかったのだ。そのとたん、まるで憑《つ》き物がとれたかのように、その男性に対する執着心がなくなったのだそうだ。

〝私は「彼」ではなく、「お兄さん」と一緒にいたかったんだ〟と合点がいった彼女は、すっと身を引くことができたのだという。

そして、悩みの根源が「前世にあった」ことを理解したB子さんは、以後、きちんとした恋をしようと心に決めたのだそうだ。

「現世の運命」はどこまで決められているのか

前世での行ないのために、現世で負うことになるしがらみやマイナスな出来事を、人はしばしば**「業」**や**「カルマ」**という。転生を考えるうえでは、このカルマについて考えることが重要になってくる。

カルマとは、もともとは「行為」を意味するサンスクリット語である。行為は原因がなければ起こらず、いったん起こった行為は必ず何らかの結果をもたらす。つまり万物は原因↓行為↓結果で構成されている。

ここに、人は「前世における自分の行為」によって「現世の運命」を規定される、という因果律の必然的法則が生まれる。この法則を**「カルマの法則」**と呼ぶ。

そう、善因善果、悪因悪果――現在の幸不幸、社会的不公平、階級や身分の差などは、これによって説明できるというのだ。いわゆる〝因果応報〟である。

人が現世で生きているのは過去のカルマによってであり、生きているかぎり行為をなすとしたら、それが善行であれ、悪行であれ、人は何らかの結果を生む。となると、どうしても転生をまぬがれないし、影響を受けざるを得ないというのだ。

「前世の行ない」で社会的地位が決まる⁉

この「カルマ」思想のために生まれたのが、インドのカースト制度だ。

上からバラモン（僧侶）、クシャトリヤ（王族、貴族、戦士）、ヴァイシャ（商工農民など平民）、シュードラ（奴隷）、その下に不可触民を置く身分制度が、インドにはあった。この身分は世襲制で親から子へ受け継がれ、生涯変わることのないものであった。

職業もカーストによって定められており、結婚も同じカースト同士の者でしかすることができない。生まれながらに、身分も職業も決定されているのだ。

こうした身分制度は、「低い身分に生まれる人間はそのようなカルマを、高い身分に生まれる人間はそのようなカルマを持っている」という考えに基づくものだ。

そのため、**カルマを解消するには、その身分における貧しさなり豊かさなりを現世で体験しつくすことで、来世では上位のカーストに生まれ変われるようにする**ことが必要だ、と考えられていたのである。

つまり、カーストはけっして不公平な制度ではなく、本人のカルマゆえの当然のもの、とされていたのだ。

しかし、このカースト制度は一九五〇年に制定されたインド憲法で全面禁止が明記されている。

「カルマ」＝「魂に与えられた課題」

こうした「前世の行ない」と「現世での社会的地位」との関係性について、イアン・スティーヴンソン博士（前出）はこう言明している。

「私が調査した事例では、前世の行ないが現世の外的状況に影響をおよぼしたことを裏付ける証拠は見つかっていない。前世と現世の社会的地位に大きな開きのある事例を検討しても、不品行によって社会的地位が下がり、徳業により上がることを示す徴候はない」

つまり、前世で悪行を行なったがゆえに貧しい家に生まれ、善行を行なったがゆえに裕福な家に生まれる、という例は見られないという。

となると、カルマとはいったい何なのか。

臨死体験研究の世界的権威であるキューブラー・ロス博士は、カルマについてこう述べている。

「それは、学び、成長し、霊的進化にあずかるためのものである。

私たちは運命を実現するためには、あるレッスンを会得し、テストに合格する必要がある。しかし、わずか一回の人生で私たちの運命をやりとげるのは、まったく不可能なことだ。レッスンをすべて終えなかったり、あるいは〝汝《なんじ》、殺すなかれ〟といったような普遍的法則を破った場合は、私たちはまた別の肉体に戻ることになる」

つまり、**カルマとは〝魂に与えられた課題〟**だというのだ。

その課題を完璧にクリアするために、私たちは何度も生まれ変わりを繰り返しているのかもしれない……。

「魂の旅」の終わりは、いつ訪れるのか？

〝魂の課題〟をクリアするための転生――それは理屈ではなんとなく理解できるだろう。しかし、実際のところ、ほとんどの人間が前世の記憶をなくしている。それでは、「カルマ」を負うに至った失敗や反省の経験が生かされないのではないか……。

だからこそ、死後の世界がある。**死後の世界は、〝魂〟に自分の課題について言い聞かせる場所**なのではないか。

たとえば、ある十九世紀に生きた一家の転生の物語がある。

ヘンウィック夫妻の次男はウォルターといった。彼は母アンに溺愛されて育ち、いわゆるマザー・コンプレックスにとらわれた人物だった。結婚を始めとする地上世界での人間生活は、ほとんどうまくいかなかったが、母親との愛情関係はそれを補ってあまりあった。彼は死後、〝天上界〟へ向かった。そこには、すでに亡き母親がいたからだ。

ところで、ウォルターの生前の主な関心事は金儲けだった。そのために彼は家族から一目置かれていたし、株式投資で貯めこんだ財産のおかげで大きな快楽を得ていた。しかし、彼はケチで他人には何も施さなかった。

死後の世界でも、彼は最初のうち商品取引や株式売買に楽しみを見いだしていた。が、やがて金儲けに魅力を感じられなくなってしまった。

それはそうだろう。死後の世界では金銭はまったく価値の基準にはならず、第一どんなに投資をしても必ず予想した通りに儲かるのである。そのため、周りの〝人々〟も、彼のお金にはまったく関心を示さなかった。

しかし、地上に生きていた頃には、母親の愛情以外は金儲けにしか関心がなかったウォルターには、〝天上界〟の世界は退屈きわまりないものだった。

次第にウォルターは地上での生活、取引所での〝売った買った〟の生活、金持ちだったためにちやほやされたり、かしずかれたりした生活を恋しく思うようになった。そんな霊魂が天上界にい続けたいと思うわけがない。やがて彼は地上へ再生していった。

そのウォルターを母アンが追った。彼女は、息子が地上へ再生して苦悩の道を歩んでいることを知ると、新しい地上生活で彼を助けることを願って再生することを決めたのだ。

つまり——**すべての欲望が満たされる「死後の世界」に暮らしていると、我々の霊魂はいやおうなしに自らの足りないところに気付かざるを得なくなる。**そこで、その足りない部分を補うために、今一度、物質世界での経験を積む道を選ぶのだ。

シルバー・バーチの「霊界通信」が伝えること

イギリスの古典学者で、心霊研究の第一人者でもあるフレデリック・マイヤース（一八四三—一九〇一年）はこう語っている。

「地上でまったく物質的な生涯を送った人が、知的で高次なかたちの情緒生活を体験するために、転生しなければならないのは明らかである。いいかえれば動物的な段階にある人は、ほとんど例外なく再生する。しかし、再生といっても機械のような規則的な再生が繰り返されるというわけのものでもない。

例外もあるだろうが、大部分の人が二、三回ないし四回の転生で済ます。もっとも、ある人間的な目的や計画がある場合は八回も九回も地上に帰ることがあるかもしれない」

ただ、再生者の中にはごく少数だが、非常に高いレベルから下降してきた霊があることも忘れてはならない。

たとえば、一九二〇年にイギリスにおいて、イギリス人青年モーリス・バーバネルを霊媒にして、さまざまなメッセージを送った霊である**シルバー・バーチ**は、その霊界通信（霊媒に告げたメッセージ）でこう告げている。

「私たちが地上に下りてきたのは、人々に霊的生命の秘儀を伝えるためである。この真理が地上に広がれば、戦争や革命にも増して一大変革が地上に起こることになる。それは魂の変革である」

とすれば、**この地上にいる我々は〝霊的進化〟を遂げるための経験を積むために下降してきた霊魂か、さもなければ地上において霊的変革を成し遂げようとする高級霊の、いずれかの化身**であることになる。

そして、シルバー・バーチの最新の霊界通信によると、〝あるとき〟がこの地球に迫りつつあるため、そんな〝高級霊〟が再生するケースがかなり増えているという。

我々がその高級霊の再生者であってほしいとは誰もが思うことだが、一方、多くの課題を背負った暴君の再生者である可能性をも、誰もが持っているのである。

コラム

「霊界マップ」が存在する⁉

霊界については、なんと「地図」の存在がしばしば語られる。

といっても、イスラム教やユダヤ教、ヒンドゥー教、そして仏教においても、天国と地獄の界層が、しばしばわかりやすく図形化されている。

また、誰に、どこで見せてもらったのか、遠い過去の記憶で失念してしまったが、「輪廻転生は〝ある一定の法則〟にのっとって起こる。転生する場所や時代はその法則によって決められている」として、前世や来世の出生地が導き出せる計算式と地図を見せられたこともある。


霊界における地図の形はさまざまだ。

これらの中でも〝霊界の構造〟として、筆者が最も信頼をしているのが、十九世紀に活躍した霊界の研究者フレデリック・マイヤースが主張するものだ。というのも、マイヤースの〝霊界地図〟には、宗教を超えた世界が広がるからだ。

G・カミングス著の『世界心霊宝典〈第2巻〉不滅への道』『世界心霊宝典〈第5巻〉人間個性を超えて』（国書刊行会刊）に詳しいので、この二つの書から抜粋しながら紹介しよう。

彼は**「霊的世界は七つの界層に分けられる」**とし、同時に「遍歴する魂の旅程表でもある」と語っている。

ちなみに、霊界を自由に出入りしたという、エマニュエル・スウェデンボルグもこの〝七つの界層〟説を支持しており、マイヤースの発言との共通点も多い。

マイヤースは「すべての霊は、その進化にあわせて上昇していく」と語るが、一番下にある**第一界**が**「地上の世界」**だ。これは、肉体という形で経験するすべてを含む物質界を指す。

第二界にあるのは**「冥府」**だ。ここでは、地上の記憶を点検する。いわば、現世と霊界の中間だ。

第三界は**「精霊界」**といってもいいかもしれない。地上世界の思い出と反省のために過ごす世界で、ここでは地上での欲望はすべて満たされる。

第四界は「色彩界」だ。霊界はここから始まる。この第四界においても霊魂は地上に似た形態をしている。とはいえ、物質界にあった肉体より、はるかに精妙な体をしているのだという。

第五界をマイヤースは**「火焔界《かえんかい》」**と呼ぶ。この世界では、霊魂は革命的な飛躍を遂げるのだという。実は、霊媒たちが霊視によって具体的な情報を得られるのは第四界までで、この第五界以上になると、その世界もかたちもまったく変貌してしまうのだそうだ。

その高次元の世界の様子は、我々の想像の範疇を超えており、その世界を表現するボキャブラリーは我々の世界にはないのだという。つまり、**我々が頭で理解できるのは第四界まで**。そもそも霊魂の再生が、第四界までで止まっているのだという。

とはいえ、「第七界まである」というのだから、気にはなるだろう。

先ほど紹介した第五界だが、この「火焔界」に入るとき、霊魂はそれまでの形態のすべてを捨て去ることになる。そして、地上とはまったく異なった時間やりズムに行き、一種の流動状態で存在するようになる。それは〝太陽意識のシンボルである炎を身につけるようなもの〟ともいえる。そして、その転生の先は、なんと銀河系の巨星なのだという。

第六界に進むと、ついには**人間としての個性を超越し、不滅の存在に参入**する。**「光明界」**だ。

そして、最終の**第七界**は**「彼岸」**と呼ばれる世界が広がる。**ここまでくると、宇宙と一体化する**といっていい。

先にヒンドゥー教の聖典「ウパニシャッド」にある、唯一神「ブラフマン」について紹介したが、この「ブラフマン」と同一の存在になるといってもいいのかもしれない。ちなみに、このような状態を仏教では「涅槃《ねはん》」という。

「霊界とは高次元の界層だ」という霊界研究家や宗教家は多い。

第七界の「彼岸」までくると、壮大すぎて頭がクラクラしてくるが、今後の人生において、念頭においておくと良いかもしれない。

6章

〝心霊現象〟は、なぜ起こる？

――「〝あの世〟に行きそびれた」魂への対処法

「肉体の死を受け入れられなかった魂」はどうなる？

1章で、人は死ぬとまず、体から魂が抜け線香の煙に誘われるように〝冥土〟へ行き、そして〝死出の旅〟に出ると書いた。

しかしまれに、突然、自分の身に降り掛かってきた死を受け入れることができず、**生前のように振る舞ってしまう魂や、死の自覚がありながらその場に佇《たたず》み続ける魂が**いる。

そしてさらに四十九日の裁判の後、魂の行き先が決定されず（自分で自分の行き先が決められず）、不安定な空間をただよう魂もいる。

中には、「親として、まだ幼い子どもを見守りたい」といった現世への心配があり、なかなか成仏できない魂もあるだろう。

しかし、それはきわめてまれなケースだ。ほとんどは裁きから逃れた**〝悪い想念の塊〟**で、当然のように、生きている人間に悪影響をおよぼす存在になる。

それらの多くはときに具現化し、我々の前に現われ、パニックに陥れる。これが俗にいう〝悪霊〟であり、〝霊現象〟なのだ。

この世にとどまり続ける二タイプの〝悪霊〟とは？

悪霊、つまり幽霊の存在についてはよく論議がなされるが、「いるのか、いないのか？」と問われれば、筆者は「イエス＝いる」と答える。

筆者のもとには数々の心霊体験談が寄せられるが、どれもまさに〝霊〟が原因であるとしか考えられない、不可思議な現象ばかりなのだ。

この〝悪霊〟は、さらに二つに大別される。**「浮《ふ》遊《ゆう》霊《れい》」**と**「地《じ》縛《ばく》霊《れい》」**だ。

「浮遊霊」とは、死んだ人間の魂が意思を持って、**〝行くべき場所〟へ行くことを拒絶したことで生じた霊**だ。その理由はさまざまあるだろう。

「この世に執着するものがあった」という霊、「地獄行きが決まっているので、死出の旅に出ぬまま逃げた」という霊、中には地獄界から逃げ出した霊もいるようだ。

生前の悪行を反省することを拒否し続けているのだから、当然のことながら浮かばれない。身勝手な欲求を満たすべく、ときとして人に憑依《ひょうい》し、自分の人生を再現しようとする。

一方「地縛霊」は、事故や病死、他殺など、本人が納得ができないまま死んでしまった魂がなりやすい。自殺もここに含まれるだろう。

自分の死を受け入れられていれば成仏できるのだろうが、無念の思いが強く〝死〟を否定し続けるため、呪わしい想いとともに、その場所に縛り付けられてしまう。

ちなみに**地縛霊の移動できる範囲はとても狭く、せいぜい五十メートル程度**だといわれている。

ただ、マイナスの念は浮遊霊よりも強烈で、その土地を訪れた者を自分と同じ立場まで引きずり落とそうとする。さらに憑依することでその場から離れられることもあり、憑依できそうな対象がやってくると、取り憑くこともままあるようだ。

いずれも成仏できなかった霊たちで、共通していえるのは〝一筋縄ではいかない存在〟ということだ。

〝悪意ある魂＝悪霊〟にひきずりこまれないためにも、接点を持たないよう、そして万が一接点を持ってしまったときのために、もう少し詳しく〝この世に存在する霊〟についてて触れていくことにしよう。

「プアー・スポット」——〝こんな場所〟には近づいてはいけない！

「悪霊と関わりを持たない方法？　それは悪霊がいる場所に近づかないことですよ」

筆者が懇意にしている霊能者・エスパー小林こと小林世征《としまさ》氏は、常々そう指摘する。数々の「悪霊祓《あくりようばらい》」を経験してきた彼によれば、霊は土地の持つ空気に引き寄せられ、集まる性質があるのだそうだ。

そんな〝運気を下げる〟〝災いが絶えない〟と噂される場所は、「パワー・スポット」ならぬ**「プアー・スポット」**と称される。その多くは浮遊霊や地縛霊による霊障《れいしよう》（霊による憑依現象やたたりによって起こる、体調・社会生活・人間関係等の悪化、事故など）が原因だという。

その土地の〝運気〟を一瞬で見抜く法

そこで小林氏に、霊感のない人でも「悪い土地」を見抜く方法を教えてもらった。

「悪い土地にはまず、鳥や動物が寄りつきません。植物の生育もよくありません。花は咲かず、木があっても枯れていたり、育ちが悪かったりする。そのため、その場所は不気味なくらいシーンと静まり返っています。

実際に私は何カ所か〝たたる〟といわれる場所に行ったことがありますが、やはり、〝生物〟の気配のない、気味の悪い場所でした」

と語る小林氏だが、マンションやビルの一室でも、同様のことがいえるそうだ。

「カビ臭い」、そして入ったとたん、地下室にでも入ったかのように「ヒヤッとする」。

「なんとなく薄暗く、悪臭のする部屋」も避けたほうが賢明だという。

さらに、「マンションなどの場合、**前の人が引っ越してからしばらく空いたままだという物件や、競売物件も何らかの理由があるでしょうから、避けたほうがベター**です」とも指摘している。

そして湿気の多いところも良くないという。この世をさまよう霊たちは、常に飢えや渇きを感じている。そのため、**霊は特に薄暗くジメジメとした水が滞った場所**を好む。

加えてこういった湿気の多いところに住むと、人間も病気にかかりやすくなる。元気な人間の体に比べ、弱った人間のほうが霊が取り憑きやすくなるのは、想像に難くないだろう。

たとえば昔、水田だったような場所や、地名に「沼」「沢」「川」「池」「海」といった、水に関する名前のついているところは、あまりいい場所だとはいえないのだ。

あらゆる欲望があらわになる「盛り場」は要注意

さらに**日常的に悪霊が潜んでいる場所は〝盛り場〟**だ。暗い闇の中を孤独にさまよう霊たちは、薄暗く、しかし賑やかな場所を好むという。そして盛り場で供されるアルコールは、しばしば人間に隙を作る。この隙に入り込み〝生者〟の持つエネルギーを吸い取ろうとする霊は多いのだそうだ。

また、人間に憑依し、負のパワーを増幅させて楽しむ霊もいるそうだ。もし夜の繁華街で、突発的にケンカなどが始まった場合、それは霊に憑依されたことが原因かもしれない。

金銭欲、色欲、名誉欲とさまざまな欲望があらわになる盛り場は、霊たちにとって、これ以上ないほど居心地の良い〝住処《すみか》〟なのだ。

また墓地や昔の刑場、古戦場のような血が多く流れた場所も、言うまでもなく悪い。特に人が突然死を遂げた刑場や戦場は、無念の思いを残して死んだ多くの浮遊霊や地縛霊が存在するからだ。

同様に、亡くなる人が多い大病院の近く、またはその跡地も、もちろん良くない。

これらのことを考えると、当然、〝心霊スポット〟と呼ばれる場所は最悪だといえるだろう。

小林氏は、「プアー・スポットはもちろん、心霊スポットと呼ばれるような場所に

は、絶対に近づいてはいけない」という。

「かつて霊感を売り物にし、多くの心霊スポット巡りをしているタレントがいました。彼はガンで亡くなったのですが、私は悪霊に取り憑かれたのだと思っています。

というのは、彼が霊に憑かれた瞬間をたまたまテレビで見たのです。**海岸に立っている彼の背後から、白装束の女性の霊が、一直線に心臓を目がけて入っていきました。**『ああっ、やられたな』と思ったものです」

わざわざ〝心霊スポット〟へ遊び半分でおもむくのは、自殺行為のようなものなのだ。

悪霊を寄せ付けない体質になれる「清めの術」

ここまで読み進め、それでも「本当に幽霊なんて存在するのだろうか」と、疑問に思う読者もいるだろう。

「偶然に不幸が続いて精神的に参ってしまい、〝霊に取り憑かれた〟という妄想に取り憑かれた人が、好き勝手に語っていることではないのか」と。

信じるか信じないかは別として、これから紹介する**〝霊に取り憑かれないための方法〟**は、読者諸氏の運気を確実にアップしてくれるはずだ。

というのも霊は、常に不平不満を言い、だらしのない生活を送る〝マイナスエネルギーが多い人間〟の心の隙間に入り込もうとする。霊をはじくためには、単純にその反対の〝プラスエネルギー〟をアップしてやればいいのだ。

では〝プラスエネルギー〟を増やす方法とは何か。それは〝自分の運気を上げること〟なのである。

誰にでも通用する〝ラッキーな色〟と〝波動を高める食べ物〟

私たちが日常生活で「ツイている」「ツイていない」と表現している「運」は、自分の持っているエネルギーの大きさにほかならない。この「運」を上げる方法をいくつか紹介しよう。

まず**〝色〟**だ。

「カラー占い」や「カラーセラピー」といった言葉を聞いたことがないだろうか。これは、人と色との関係を重視したもので、実際に人は自分の波長にあった色を身近に置くことによってエネルギーを高めることができる。

人によって波長にあう色はそれぞれだが、誰にでも通用するラッキーな色の傾向があるという。それが「明るい色」だ。**赤やピンク、黄色、明るいブルーといった明色系の色**は、どんな人にも働いて、その人の運気を上げてくれる。

その反対に、地味な焦げ茶やグレーは、エネルギーをローレベルにする働きがあるという。

次に〝**食べ物**〟。

人間のエネルギーは、体調が良ければアップし、健康を害するとダウンする。運気は体調に左右されるといっても過言ではない。幸運を招く食べ物に共通していえるのは〝自分の生活している地域でたくさんとれる食べ物〟がベターだということだ。なぜなら、その土地のエネルギーがたくさん入っているからだ。

自分の波動と、住んでいる土地の波動はほぼ同調し、共鳴しているという。そのため、住んでいる土地でとれたものは〝自分のエネルギーを高める〟波動を持っている。もちろん、自分が生まれ育った田舎のものも良い。

今いる場所を即座に〝パワー・スポット〟にする方法

三番目が〝**住んでいる場所**〟。これも重要だ。

先にも書いたが、悪い霊がいたり、霊が好むような場所に住めば、当然エネルギーが下がる。その反対に、エネルギーをアップしてくれる場所に住めば、どんどん運が強くなっていく。

ちなみに運気を上げてくれる場所の特徴は、周辺に樹木が多く、花が咲いていること。また、日当りと風通しがよく、湿気が少なく、爽やかな土地だ。

もし、自分が今、住んでいる場所がこの条件にどれも符合しないなら、自力で〝運気のよい場所〟を作り出すこともできる。

有効なのが「花」だ。小林氏曰く、**花にはマイナスの気を吸う力がある**のだそうだ。花は、鉢植えでも切り花でもいい。花粉アレルギーの人なら、アロエのような肉厚の観葉植物で代用できるという。

本当に〝気〟の悪い場所だと、花を置いてもすぐに枯れてしまう。一つ置いてダメなら二つ、二つでダメなら三つと、とにかく花が枯れなくなるまで数を増やしていくといいのだそうだ。置く場所は、自分が最も長時間過ごす部屋がベストだ。

また、**ベッドの下に鏡を下向きにおいて、邪気をはじく**のも効果的だ。手頃な鏡がなければ、ベッドの裏にアルミ箔を貼るなどで代用してもいい。

さらに、換気を良くし、除湿を徹底する。その他、日光を積極的に取り込むなど、明るい空間作りを心がけることだ。


最後が、**〝波動の合う人〟と付き合う**こと。

「あの芸能人は、結婚してさっぱり売れなくなったね」

というように、エネルギーを減らしてしまうような相手には要注意だそうだ。

とりわけ自分よりも高レベルの人に接近すると、いろいろな能力が高まるそうだ。しかし、〝レベル〟の上げすぎには注意したい。ことに人付き合いは、無理をすると生活を破綻させかねない。


筆者も〝心霊系〟の書籍の執筆に着手しているときは、積極的にこれらの〝プラスエネルギー〟をアップさせる方法を取り入れている。もちろん、絶大な効果を得ていることは、いうまでもない。

こんな〝症状〟が表われたら、「取り憑かれた」可能性あり！

予防策を講じていても、万が一〝悪霊に憑かれた〟ら、どうすればいいのだろうか。ここでも、その術を熟知する霊能者・小林世征氏に登場していただこう。

小林氏曰く「悪霊に憑かれると、本人だけでなく、周囲を巻き込んでしまうことも、ままある」のだ、という。

「有名な女性歌手で、親しく交際していた男性が何人も自殺したという人がいますが、これなどはその典型的な例です。私がテレビで彼女のステージを見ていると、後ろに黒いネクタイをした男性の霊が見えました。まるで彼女を守るように、のぞき込むような姿勢で彼女を見つめています。この霊は、彼女を守っているつもりなので、寄ってくる男性を邪魔者扱いしていたのです」

小林氏によれば、**〝取り憑かれた〟ということが、最もわかりやすいのは、嗜好の急激な変化**だ。レベルの低い霊に憑かれると、まずほとんどの人が食べ物の嗜好が変わるという。

たとえば、侍の霊が憑いた人は日本酒や酒の肴が好きになったというし、女性の霊が憑いた人は、急に和菓子やお茶を好むようになったそうだ。

また、バスにひかれた子どもの霊が憑いたために、やたらとチョコレートをほしがるようになった人もいたという。飲めなかったコーヒーが突然飲めるようになったとか、いきなり赤い服を好んで着るようになったという場合は要注意だ。

とりわけ恐ろしいのが、「お酒を飲むと暴れるようになった」「急に女遊びが激しくなった」「いきなり、ギャンブルにハマり始めた」というケースだ。

これは本格的に〝悪い霊〟が憑いたためで、徹底的にエネルギーを吸いつくされかねない。

自力で〝おはらい〟する方法

ここまでくると、特別な方法で除霊をするしか方法はない。

ただしその前段階であれば、**浄化作用のある天然塩や日本酒を湯船に入れて、入浴をする**ことをオススメしたい。髪や体を洗うだけでなく、歯もしっかりとみがき、とにかく穢れを落とすことが効果的だ。

外出先にいるなら、**カイロなどで体を温める**のもいい。もちろん前項の「悪霊を寄せ付けない清めの術」で紹介した、エネルギーアップ術もぜひ実践してみてほしい。


とはいえ、いよいよ〝取り憑かれた〟と思ったら、やはり小林氏など、プロの手を借りてはらってもらうしか術はない。ただし、怪しげな霊能者もいるので、要注意。

彼らに共通する点を以下に羅列したので、ぜひ参考にするといいだろう。

・「前世」や「カルマ」など、すぐに自分では調べようのない事柄を持ち出す。

・「水子がたたっている」と、覚えがある・なしにかかわらず、水子供養を持ちかける。
・「先祖が地獄に落ちて苦しんでいる」と、特別な先祖供養を求める。
・「このままではさらに悪くなる」「家族に不幸が降りかかる」など、不安を煽る。
・質問をされると怒りだす。常にイライラしていて、相談者に気を使わせる。

もしアポイントを取ったときに不安を感じたら、友人や知人など第三者に同席してもらうのがベターだ。会った際、じっくりと話を聞き、十二分に説明をしてくれて、責任感が強い人を選ぶこと。金銭面も事前にしっかりと打ち合わせておくことが肝要である。

「守護霊」——目には見えずとも、あなたを守る存在

さて、〝霊〟の存在で忘れてはならないのは「守護霊」だ。

小林氏曰く、

「生きている人なら誰でも発しているオーラ、つまり生体エネルギーと同じように、**守護霊も、誰にでも必ずついています**。

『私の守護霊はどんな方ですか?』という質問をよくされますが、実は、**ほとんどの方の守護霊は、父方や母方の祖父、祖母などのご先祖**です。海の近くに住んでいる人で、かつてその土地に住んでいた漁師さんがたまたまついているようなケースもありましたが、それはごくまれなケースです」

なのだそうだ。つまり日本人なのに「ヨーロッパで中世の頃に活躍していたイタリ

ア人オペラ歌手がついている」というようなことは、まずありえないとのこと。

と、ここで疑問が生じる。たとえば、筆者の亡き祖父は、うちの一族の誰の守護霊となってついているのだろうか。また、転生はしていないのだろうか、と。


「守護霊は、人が死ぬときにこの世で分散した思念だ」


と、小林氏は断言する。

根本的なベースとなる魂はあの世に行き、転生もする。しかし、〝自分の子孫を見守りたい〟という〝思念〟は、この世に残り続ける。それが守護霊になるのだという。

ただし、生きていた頃の関わり方などによって、思念の強弱は出るらしい。

たとえば、ある高齢の男性が亡くなった。彼の思念は、子や孫の守護霊になった。しかし、孫Aと孫Bとを比べると、孫Aに対してのほうが圧倒的に〝強い〟守護霊となった――というようなことらしい。

さらに「それは、一種のDNAといえるかもしれない」と、小林氏は指摘する。

たとえば、〝叔父が亡くなるとき、なぜか叔父の気配がした〟という経験を聞いたことはないだろうか。

霊感はないはずなのに、〝親族が息を引き取った時間に、なぜかふと目が覚めた〟というような経験があるなら、それは間違いなく守護霊の仕業だ。守護霊同士がつながっているからこそ、なせる業なのだという。

では、血のつながった相手にしか守護霊はつかないのか、というとそうでもなく、たとえば夫を残して先立った妻の霊は夫の元へいくなど、配偶者同士へも向かうのだそうだ。

その霊が〝板前〟なら、守られている人は〝料理人〟になり、霊が〝音楽家〟なら〝ミュージシャン〟になるというように、その人物の職業や趣味嗜好にも影響をおよぼすのだそうだ。

〝直感〟を通して送られている〝メッセージ〟とは？

彼ら**守護霊と仲良くすると、身の危険にさらされたときに、〝サイン〟を送ってくれる**ことがあるという。

たとえば、朝、起きたらどうしても具合が悪く、何年かぶりに会社を休んだ。そのおかげで大事故に巻き込まれずにすんだ、という話を耳にしたことはないだろうか。このような〝幸運〟はまさしく、守護霊のご加護である。

そこまでではなくても、たとえば仕事でピンチのとき、ふと目にした書籍の背表紙を見てインスピレーションが湧いた、などというときは、守護霊からのサインかもしれない。

というのも、**守護霊はその人の直感を通してメッセージを送ってくる**からだ。

では、その守護霊とどう付き合えば仲良くできるのか。小林氏曰く、

「ひと言で言えば、普通に真っ当な生活をしていればいい」

のだという。そして、機会があるたびに、

「どなたかわからないけれど、いつもありがとうございます」

と、守護霊に心の中でつぶやくだけで、よりいっそう応援をしてくれるのだそうだ。

それだけでは心もとないという人は、亡くなった祖父母の好きな食べ物や飲み物を仏壇に供え、線香をたてるといい。というのも、霊は基本的にお腹が空いているから

だという。

お墓参りをするのなら、好きな食べ物やタバコなどの嗜好品をお供えするのもいいだろう。

こう考えると、昔からごくごく当たり前に伝えられてきた「先祖供養」が守護霊との関わりを強くするといっていいのだろう。

〝死者の魂〟は、現世に戻ってくることができるか？

もし本当に〝あの世〟が存在するなら、自分の近しい人が亡くなってしまった場合、この世に呼び出し、会うことができるだろうか。筆者は〝可能〟だ、と思っている。そもそも、〝一年に一度、死者が家に帰ってくる〟日本の**「お盆」**という風習自体、それを肯定しているではないか。

この風習は墓参りが伴うことから仏教由来だと思われがちだが、実は日本古来より受け継がれてきた先祖崇拝に、仏教の「盂蘭盆会《うらぼんえ》（地獄で苦しみを受けている人々を、供養することによって救おうとする行事）」が交じって成立したものだ。

古代日本では、新年最初の満月の日にあたる旧暦の一月十五日、その半年後の満月にあたる旧暦の七月十五日、そして春分と秋分の頃に〝霊〟を祀る風習があった。新しい節目の時期に先祖の霊を迎え、一族で健康や繁栄を願おうというものだ。

そして次第に、亡くなった先祖の魂だけでなく、生きている両親の健康をも、願い祝うようになる。「生盆《しょうぼん》」だ。

ちなみに、日頃お世話になっている人に物を贈る「お中元」は、この「生盆」の風習が起源である。昔から日本では、この**〝お盆〟の期間は生者も死者も区別なく、一族の〝魂〟が集う期間とされていた**のである。

そんな祖霊たちが、迷わず家に帰れるように、家の玄関や庭先などで火をたくのが「迎え火」だ。現在では盆提灯に火を灯す家も多いが、これもれっきとした「迎え火」である。

また、先祖が家に帰ってくるまでの乗り物として、お供え物のナスやキュウリを馬や牛にみたてた、「精霊馬《しょうりょううま》」を用意する地域も少なくない。

もちろん、お盆はいいことばかりではない。**「地獄の釜があく」**という言葉を聞いたことはないだろうか。正月と盆だけは、地獄の鬼も罪人の呵責《かしゃく》をやめて休息をする。

地獄に落ちた罪人も、この日だけは現世に帰ることができる。

家族の元で、ゆっくりと休むのなら微笑ましいことなのだが、中にはどす黒い気持ちを抱えたまま、この世に戻ってくる霊もいる。

子どもの頃、**「お盆の時期は、川や海に近づいてはいけない」**という注意を受けたことはないだろうか。それは、川や海は「あの世」と「この世」を結ぶ通路の役目も果たしているため、良からぬ霊が潜んでいる可能性が高いからだ。

この〝水の通路〟を使って祖霊をあの世に送り出す儀式が、「精霊流し《しょうりょうながし》」である。

こうした〝霊〟にまつわる儀式は、日本独特の文化だろう。

イタコの「口寄せ」――死者を現世に下ろす法

とはいえ、死者をもっと身近に感じたい、もう一度会話をしたいというのなら、霊能者を通じた「口寄せ」という方法もある。

〝口寄せ〟で有名なのが、**東北地方のイタコ**だ。

イタコは、東北地方でも特に青森、岩手、宮城といった県に見られる巫女《みこ》のことだ。

彼女らが行なっている「口寄せ」とは、**依頼者の求めに応じて死者の霊を呼び出し、自身の体に宿らせることでその言葉を語る**、というものだ。

主に盲目の女性の生業として、これらの地方において受け継がれてきたと考えられている。幼少期のうちに師匠につき、さまざまな厳しい修行の果てに、霊を下ろす力を会得する。

イタコの語源は、アイヌ語で「神がこう告げた」という意味の「イタク」という言葉がなまったという説が有力だ。いつ、このイタコが生まれたのかは不明だが、中世にはすでに存在したといわれている。

このイタコに口寄せを依頼したい場合、七月二十日から二十四日にかけて行なわれる、「恐山大祭」に足を運ぶといいだろう（もちろん、イタコが口寄せを行なうのはこの期間に限らず、近隣の寺社や各々の自宅でも、年間を通して依頼に応じている）。

寺の総門をくぐったすぐ横で、イタコがテントを張っており、そこに行けば十分間三千円ほどでイタコの口寄せを受けることができる。

その際に必要なのは、呼び出してほしい人の名前と生年月日と死亡日、死因に関す

るデータだ。それらをイタコに告げると、呪文を唱え、死者の魂を呼び出してくれる。

あまり知られていないが、イタコが呼び出せる魂は三種類ある。

ひとつは「仏口《ホトケクチ》」。亡くなってから四十九日が経過した死者の霊だ。

そして「生口《イキクチ》」。なんと、生きている人の霊も呼び出すことができるのだそうだ。そういえば、人の念というものは、想像以上にあちこちに飛び交っているのだろう。生きながらにして、執着する他者に憑依する〝生霊〟という存在もある。

そして「神口《カミクチ》」。これは神様に値する上位の霊を呼び出す方法で、イタコのパワーをかなり消耗させるという。

たとえば、こんな話がある。東京に住む知人の夫婦が、東北に嫁いだ娘をあの東日本大震災の津波で亡くした。そこで、この「恐山大祭」の時期にあわせて恐山を参拝し、イタコに口寄せをしてもらったのだそうだ。イタコの口を通して娘は、

「あの時は苦しかったけど、今はもう大丈夫。おじいちゃんやおばあちゃんも一緒にいるし、幸せに過ごしているわよ」

恐山境内。写真右手に見えるテントの中で、
イタコが口寄せをしている

と、答えたのだそうだ。そして、
「お父さん、お酒を飲み過ぎないでね。高血圧が悪化するわよ。お母さんも毎日泣くのはもうやめて。二人が元気で健康に暮らしてくれるのが私の幸せだから」
と、励ましたという。実際は、旦那さんのほうは地震で娘を亡くして以降、アルコールを一切断っていた。しかし、夫婦は涙があふれて止まらなかったのだそうだ。

「イタコが口寄せをしてくれた瞬間、確かに娘の気配を感じた」

というのだ。以後、夫婦は娘のことを思い出しながら、穏やかに暮らすことができるようになった。旦那さんもアルコールをたしなむ程度に復活させたという。

〝あの世〟と〝この世〟が接近している!?

さて、〝現世〟と〝死後の世界〟の距離が、急速に縮まっているという話がある。

「アセンション」という言葉を聞いたことがないだろうか。

〝アセンション〟とは、簡単に言うと〝次元の上昇〟を意味する。我々が今、存在している空間は「三次元」だといわれている。この**三次元よりもさらに高い次元へと地球がまるごと移動する**という、いささか荒唐無稽な未来予想だ。

高い次元――それは〝死後の世界〟を意味しているといっていいだろう。

我々が生きる「物質世界」は三次元だが、〝アセンション〟の信奉者は**四次元には「幽界」、五次元には「霊界」、そして六次元には「神界」が存在する**と信じている。

〝何をバカな〟と思われるかもしれない。それでも、この〝アセンション〟については多くの心霊研究家やスピリチュアリストが注目し、現在もリサーチを続けている。その根拠になるのが**「フォトンベルト」**の存在だ。

地球規模で〝精神性の時代〟が始まっている

「フォトンベルト」とは、一九六一年、科学者ポール・オットー・ヘッセによって発見された**〝巨大な電磁波の雲〟**だ。

これは、陽電子と電子の衝突によって作られたドーナッツ状の光の帯が、プレアデス星団の中心部にある恒星・アルシオネを取り巻いているものだという。ちなみに「フォトン」とは光の粒子という意味を持つ。

太陽系はプレアデス星団の一番外側の軌道上を公転し、一万二千年かけてプレアデス星団を半周するのだが、そのうちの二千年はフォトンベルトの中を通過するのだそうだ。そして現在、ちょうど、我々の太陽系はこのフォトンベルトの中に存在しているのだという。

この理論でいうと、太陽系の端がこのフォトンベルトの中に入ったのは一九八七年。二〇〇〇年にまず太陽がフォトンベルトの中に入り、二〇一三年には太陽系全体がすっぽりと包まれたのだそうだ。

このフォトンベルトの周波数は七・八ヘルツのα波で、触れると、物質の振動数が増幅され、地球上の物質にさまざまな影響が出てしまう。特に**人類においては、人体の原子が変わり、「準エーテル体」という体になる**というのだ。

太陽系がフォトンベルトに包まれるのは、実は今回が初めてではない。

〝信奉者〟がいうには、以前太陽系がフォトンベルトを通過したのは一万三千年前。このときも、大規模な地殻変動が起き、当時隆盛をきわめていたムー大陸とアトランティス大陸が消えたという。

もちろん「フォトンベルトなど初めから存在しない」という説や、「フォトンベルトには科学的根拠がない」という説もある。

また**「二〇一二年から地球規模で新しい時代に入った」**という人たちもいる。

彼らがいうには、地球のサイクルは二千百五十年周期で変化しているという。その前の二千百五十年は「魚座」が支配していた。「魚座」が象徴するのは「物質」だ。つまり、これまでの二千百五十年は「物質」が重視される世の中だった。

それが二〇一二年から「水瓶座」の時代に移行した。「水瓶座」が象徴するものは「精神性」だ。現在、人々が持つ情報や思念が一瞬にして世界へと広がっていく時代なのだという。この「精神性」とは、そのまま〝死後の世界〟といってもいいかもしれない。

ちなみに〝幽界〟や〝霊界〟〝天界〟に近づくことが、これからの時代を生き抜いていくうえで重要な要素だと、〝アセンション〟の信者も〝水瓶座〟の時代を語るスピリチュアリストも声を揃える。

そして、この素養をＤＮＡレベルでそなえているのは〝死者との距離〟がきわめて近い、日本人だとも……。

おわりに……「死」への恐怖心を克服するために

古今東西、そしてこれからも〝死〟への処し方は人間にとって巨大なテーマだ。誰にも平等に訪れるのが〝死〟であり、誰もが恐れるものが〝死〟だ。

だが、その〝死〟に対する恐怖心も、度が過ぎると病名がつく。

——死ぬことが怖くてたまらない。

そんな人を、**「タナトフォビア（死恐怖症）」**という。今、このタナトフォビアの若者が増加しているという。


先に〝あの世〟と〝この世〟が接近していると書いた。

また、我々が住むこの日本は〝死者〟がとても身近に存在している国だともいえるだろう。仏教が伝来する以前から、日本人は〝人は死ぬと山へ還る〟もしくは〝海へ還る〟と考え、その地を崇《あが》めてきた。仏教伝来以降も、家の中に仏壇を置き、毎日のように死者の霊を慰め、盆や正月には先祖の霊を家に招く。

〝日本人は無神論者だ〟と、しばしば外国人に嘲笑されるが、それはあまりにも信仰が日常に入り込んでいるためなのではないかとすら思う。

にもかかわらず、〝タナトフォビア〟を発症するのは、死の先にある世界を否定しているからではないか。「死ぬときの苦しみや無念さ、家族や友だちとの離別というよりも、死の先にある〝無〟が怖い」と話す若者は多い。これは〝死〟を忌むべきものとして隔離されて育った結果だろう。

たとえば筆者の知友に、近畿地方の田舎に育った四十代の男性がいる。彼の実家は代々土葬で、彼の祖父までは、その風習が続いていたという。「まだ小学生の頃のこと」で、記憶は曖昧だそうだが、彼の祖父は葬式が終わると、一族が眠る山の一角に寝かされ、その上から土をかぶされた。たったそれだけの埋葬だったという。

彼はしばしば祖父の様子を見に行った。しばらくは土は盛り上がった状態だったが、あるときボコッと土が沈んでいることに気が付いた。それを見て彼は、

「ああ、祖父は死んだのだ」

と不思議なくらい合点がいき、それ以降、祖父が身近にいることを感じられるよう

になったのだそうだ。

そこまで強烈な体験ではなくても、かつては〝人の死〟が身近に存在していた。そういった〝死の息づかい〟が感じられなくなった結果、タナトフォビアを発症する人が生まれたのではないか。


ところで、このタナトフォビアだが、主な症状としては「死後、一切が無になることが怖い」「喪失の恐怖」「生きている意味がわからない」「今の幸せが消えてしまうことが怖い」といって、眠ることすら恐ろしくなるのだそうだ。一日中〝死〟について考え続け、恐怖から逃れるために、自殺を図る人も少なくないという。

対処法としては、「楽天的に考える」「忙しくする」「趣味を持つ」、それでも解消できないとなったら、心療内科で診断してもらわなくてはいけなくなる。筆者はそれよりも、〝死後の世界〟を信じることのほうが、うんと改善の近道になると思う。

死後、四十九日をかけて審判が行なわれると書いたが、これは一部の霊魂に〝自分が死んだということを認識させる〟ためだともいわれている。

たとえば、〝死後の世界〟を頑《かたく》なに否定し続けている魂は、〝長い夢だ〟とぼんやりと現世に居続けてしまうだろう。もしくは混乱をきたしてしまうかもしれない。実際、そのような魂は転生も容易ではない。自分自身の内面と向き合う前に、自分の置かれている状況を理解できないからだ。

一方、〝死後の世界〟を信じている魂は、さしたる混乱もなく〝次の旅〟へと向かうことができるのだ。

よりよい死を迎えるための最大の条件——それはこの〝有とも無ともいえる世界〟を受け入れることなのかもしれない。

並木　伸一郎

【参考文献】『図説エジプトの「死者の書」』村治笙子・片岸直美著・仁田三夫写真、『死後の世界がよくわかる本』博学こだわり倶楽部編集、『生まれ変わりの村1～3』森田健著、『『生まれ変わりの村』と映画『スープ』の世界』森田健著（河出書房新社）／『新約聖書1・2』佐藤優・解説著、共同訳聖書実行委員会翻訳、日本聖書協会翻訳、『臨死体験〈上〉〈下〉』立花隆著（文藝春秋）／『聖書旧約続編つき - 新共同訳』日本聖書協会著、『旧約聖書』新改訳聖書刊行会翻訳（日本聖書刊行会）、『旧約聖書創世記』関根正雄翻訳、『往生要集〈上〉〈下〉』源信著・石田瑞磨訳注、『思い出す事など他七篇』夏目漱石著（岩波書店）／『世界心霊宝典〈第3巻〉スピリチュアリズムの真髄』ジョン・レナード著・近藤千雄訳、『不滅への道』『世界心霊宝典〈第5巻〉人間個性を超えて』ジェラルディーン・カミンズ著・梅原伸太郎訳（国書刊行会）／『ヒンドゥー教の本―インド神話が語る宇宙的覚醒への道』、『死後の世界を巡る！　地獄冥界巡礼』学研パブリッシング編集（学研マーケティング）／『ムー』各号、『死後の世界』久保有政著（学研パブリッシング）／『天国と地獄―キリスト教からよむ世界の終焉』神原正明著、『往生要集を読む』中村元著、『ヒンドゥー教―インドという〈謎〉』山下博司著、『仏教「死後の世界」入門』ひろさちや著（講談社）／『宇宙からの帰還』立花隆著、『ヒンドゥー教―インドの聖と俗』森本達雄著（中央公論新社）／『世界生まれ変わり事件ファイル』並木伸一郎著（学習研究社）／『インド神話―マハーバーラタの神々』上村勝彦訳（筑摩書房）／『旧約聖書図解雑学』雨宮慧著（ナツメ社）／『面白いほどよくわかる聖書のすべて』ひろさちや監修（日本文芸社）／『貴族の墓のミイラたち』吉村作治著（平凡社）／『エジプトの死者の書—宗教思想の根源を探る』石上玄一郎著（第三文明社）／『死者の書』矢島文夫著（社会思想社）／『日本人の死者の書—往生要集の「あの世」と「この世」』大角修著（日本放送出版協会）／『地獄と極楽がわかる本』（双葉社）／『死の世界・死後の世界』ひろさちや著（徳間書店）／『地獄百景』田中久美子監修（ベストセラーズ）／『死後の世界—日本人の生死観と「臨死体験」のすべて』別冊宝島（宝島社）／『終わりなき航路—加山雄三の人生』加山雄三著（世界文化社）／『プルーフ・オブ・ヘヴン』エベン・アレグザンダー著・白川貴子訳（早川書房）／『丹波哲郎の「霊界地図」の研究』アポカリプス21研究会著（シーエイチシー）／『ユング自伝2—思い出、夢、思想』カール・グスタフ・ユング著、アニエラ・ヤッフェ編集、河合隼雄ほか訳（みすず書房）

本書は、本文庫のために書き下ろされたものです。

眠《ねむ》れないほど面白《おもしろ》い死後《しご》の世界《せかい》

著者　並木伸一郎（なみき・しんいちろう）
発行者　押鐘太陽
発行所　株式会社三笠書房
〒102-0072 東京都千代田区飯田橋3-3-1
電話　03-5226-5734（営業部）03-5226-5731（編集部）
http://www.mikasashobo.co.jp
印刷　誠宏印刷
製本　ナショナル製本

 ISBN978-4-8379-6718-7 C0130

王様文庫

王様文庫

謎とロマンが交錯！

並木伸一郎の本

眠れないほど面白い都市伝説

荒唐無稽？ でも、本当かも!? 「衝撃の噂＆情報」が満載！ 信じるか信じないかは自由。でも……何が起きても、責任はとれません！

眠れないほど面白い「秘密結社」の謎

世界中の富・権力・情報を牛耳る「秘密結社」のすべてがわかる！ 政治、経済、金融、軍事——今日も世界で彼らが〝暗躍〟している!?

眠れないほど面白い日本の「聖地《パワー・スポット》」

伊勢神宮、出雲大社、高野山、天孫降臨の地……人はなぜ「この地」に惹きつけられるのか？ その知られざる由来から、摩訶不思議な驚愕のエピソードまで！

眠れないほどおもしろい世界史「不思議な話」

選りすぐりのネタ満載！ おもしろ知識が盛りだくさん！ 「話のネタ」にも使える本。あなたの知らない、極上の世界史ミステリー！

眠れないほどおもしろい日本史「意外な話」

「その時」、何が起きたのか——？ 誰もが知る〝日本史の大事件〟に隠された意外な話、今なお解き明かされない謎、不思議なエピソード！

眠れないほどおもしろい「聖書」の謎

『聖書』がわかれば、世界がわかる！ 旧約・新約の物語から、〝裏聖書〟の全貌まで——これぞ〝人類史上最大のベストセラー〟！